Prefazione

La Resistenza continua...

Ho incontrato Giovanni Impastato per la prima volta alcuni giorni dopo l'assassinio di suo fratello. Il 10 maggio, al funerale, l'avevo visto alzare il pugno come a rispondere al coro dei compagni, quasi tutti accorsi dai paesi vicini e da Palermo, che seguivano la bara con i frammenti del corpo di Peppino. Più che un funerale era una manifestazione, un corteo in cui il dolore si animava di rabbia e di voglia di continuare, nonostante tutto. Il 1978 veniva dopo un '77 in cui si erano incrociate varie anime: creative, trasgressive, dissacranti. Un anno durissimo, con i morti come Francesco Lorusso a Bologna, Giorgiana Masi e Walter Rossi a Roma, le cariche della polizia, le vittime sempre più numerose delle Brigate rosse. A qualcuno sembrava un nuovo inizio, ma per molti era l'inizio della fine della stagione apertasi nel '68. Gridare "Peppino è vivo e lotta insieme a noi" era insieme un atto di fede di una religione laica, la condivisione di un dolore e la profezia di una resistenza. Giovanni, accanto alla fidanzata Felicetta, alla madre Felicia e alla zia Fara, rispondeva con il pugno alzato, a manifestare un assenso, una sintonia.

Il giorno dopo c'è stata l'assemblea a Palermo, la presentazione di un esposto alla procura da parte del Centro siciliano di documentazione, nato l'anno prima, e di altri e nel pomeriggio c'è stato il comizio a Cinisi, che doveva concludere la campagna elettorale. Il comizio che doveva fare Peppino con un dirigente nazionale di Democrazia proletaria. Ricordo che a Palermo qualche compagno disse che non era il caso di andarci. La cosiddetta Nuova sinistra era agli sgoccioli, ma certi vizi non avevano nessuna voglia di morire. Era bastato andare al funerale, condividere un lutto, il comizio invece era un fatto interno a Dp. Anna e io abbiamo deciso di andare, proprio per quello che qualcuno del luogo ci aveva fatto notare durante il funerale: la scarsa presenza di persone di Cinisi e del paese vicino, Terrasini. Pensavamo: se al funerale erano così pochi, al comizio saranno ancora meno. Almeno saremo due in più. E infatti, sotto il palchetto sul corso c'erano pochissime persone. Sul marciapiede di fronte, davanti al bar, c'era un altro gruppetto. Seduti o in piedi, curiosi o soltanto gli sfaccendati del paese che guardavano il passeggio.

Un comizio alle finestre chiuse

Chi farà il comizio? Un compagno di Peppino dirà qualche parola, il compagno di Milano, Franco Calamida, che la mattina aveva partecipato all'assemblea di Palermo, parlerà della situazione politica. Ma chi parlerà di mafia? Mi si avvicina una compagna, anche lei milanese ma da anni in Sicilia, assieme al marito, il perugino Carlo Baioletti, che avevo conosciuto nel mio anno di militanza ad Avanguardia operaia. Si chiama Maria, e solo da poco qualcuno mi ha ricordato il suo cognome, Cuomo. Sa che da anni mi occupo di mafia, che il Centro appena nato vuole occuparsi in particolare di mafia e mi chiede se posso parlare. Dico di sì, mi avvicino ad alcuni compagni di Peppino, chiedo loro cosa pensano che debba dire. Mi dicono: è un omicidio, è stata la mafia, i mafiosi di Cinisi sono arcinoti, il loro capo è Badalamenti, è lui che Peppino attaccava nei comizi, nei volantini, a Radio Aut.

Sono le cose che dirò nel comizio, rivolgendomi a una fila interminabile di finestre chiuse allineate sul lunghissimo corso del paese. E rivolgendomi alle persone che, essendo nato anch'io in un paese siciliano, immagino che siano presenti dietro le imposte sbarrate, dico: se queste finestre non si apriranno, tutta l'attività di Peppino, che avete sentito parlare cento volte da questo palchetto, rischia di essere inutile. Le finestre non si sono aperte. Ma da quel comizio, non previsto, nascerà una storia che ha una parte decisiva nella vita mia, di Anna, del Centro.

Il 16 maggio la madre di Peppino e il fratello Giovanni presentano un loro esposto alla procura in cui dicono che si tratta di un omicidio e fanno il nome di Badalamenti. La madre l'hanno convinta due avvocati e fino ad allora non avevo incontrato né lei né Giovanni. Tutto comincia da quella scelta di rottura con la parentela mafiosa (lo scoprivo solo allora che Peppino era di famiglia mafiosa) e da quel giorno a batterci per salvare la memoria di Peppino dalla montatura che lo voleva terrorista e suicida, per ottenere giustizia, saremo in tre: i familiari, i compagni di Peppino, noi di Palermo. Ai primi di luglio il Comitato di controinformazione costituitosi presso il Centro pubblica il bollettino 10 anni di lotta contro la mafia, *in cui ricostruiamo la vicenda umana e politica di Peppino, riproduciamo la seconda stesura della lettera in cui manifesta la sua disperazione e dice di voler abbandonare la politica (stralci della prima stesura li aveva pubblicati il "Giornale di Sicilia" e le espressioni, impietosamente crude, usate da Peppino che scriveva di volere abbandonare la politica e la vita, hanno avallato la tesi ufficiale del suicidio), apriamo il dibattito sulla mafia, più concretamente sulla borghesia mafiosa, finora poco frequentato dalla Nuova sinistra, se si tolgono noi del circolo Lenin prima e del Manifesto dopo, cresciuti alla scuola di Mario Mineo. Lanciamo l'idea di una manifestazione nazionale contro la mafia, che si terrà il 9 maggio del 1979, nel primo anniversario dell'assassinio di Peppino. Andiamo in giro per l'Italia per prepararla, con il solo sostegno di Democrazia proletaria, e più volte abbiamo incontrato facce che esprimevano insieme solidarietà umana e incomprensione culturale e politica: la mafia, ma c'è ancora, e non è solo un fatto vostro, siciliano, perché una manifestazione nazionale? Comunque vennero in duemila e per noi fu un successo, anche se non ne parlò la televisione (la mafia farà notizia solo dopo il delitto Dalla Chiesa e le stragi in cui sono morti Falcone e Borsellino) e non ne parlarono neppure "l'Unità" e "il Manifesto".*

Una battaglia vinta

Nel frattempo con Felicia, con Giovanni, con Felicetta sua moglie, con i compagni di Peppino, quelli rimasti in piedi e sul posto (altri presero la via dell'emigrazione, come Vito Lo Duca, il compagno edile che ci ha lasciato da alcuni anni, come pure ci ha lasciato Fanny Vitale; altri scelsero altre strade, qualcuno adesso è a Forza Italia), si era stabilito un rapporto quasi quotidiano. E sarà un rapporto fruttuoso, anche se i frutti tarderanno a venire. Per anni a ricordare Peppino saremo in pochissimi, ma la sua memoria sarà salvata e sarà collegata all'attività di analisi e di ricerca del Centro, che scava dentro il fenomeno mafioso e ricostruisce una storia dell'antimafia sconosciuta e dimenticata. Nel 1986 pubbli-

cheremo la storia di vita di Felicia nel libro La mafia in casa mia, *che farà riaprire l'inchiesta; Salvo Vitale scriverà una biografia di Peppino che è storia di quella stagione, riusciremo a portare Badalamenti e il suo vice al processo e saranno condannati. E quello che non siamo riusciti ad ottenere in sede giudiziaria, lo otterremo con una relazione della Commissione parlamentare antimafia che è un fatto storico: per la prima volta si dice che rappresentanti delle forze dell'ordine e della magistratura hanno depistato le indagini e coperto i mafiosi. Non era mai accaduto. Proporremo che si faccia la stessa cosa per le stragi impunite, da Portella della Ginestra a Piazza Fontana e alla stazione di Bologna, ma la proposta non sarà accolta. E su questa strada incontreremo magistrati come Rocco Chinnici, Antonino Caponnetto, Giovanni Falcone, Renato Grillo, Gian Carlo Caselli, Franca Imbergamo, politici come Giovanni Russo Spena, che ha presieduto il Comitato sul caso Impastato, come Beppe Lumia che presiedeva la Commissione antimafia, e pochi altri. Oggi possiamo dirlo: quella per Peppino Impastato è una battaglia vinta, un caso più unico che raro per quei tempi e per come si erano messe le cose poche ore dopo il delitto.*

Ora Giovanni racconta in questo libro la sua storia e ripercorro con lui strade già frequentate, ma ci sono anche cose che apprendo per la prima volta. Come per esempio il racconto del funerale del padre, con i mafiosi che si presentano a fare le condoglianze e Peppino che si nega alla loro stretta di mano. Giovanni e Felicia invece stringono la mano dei mafiosi e isolano Peppino. Giovanni dice che ne porta ancora la ferita e il rossore. Il tempo dell'impegno, della sfida aperta ai mafiosi, verrà solo dopo l'assassinio di Peppino.

Ma com'è morto Luigi Impastato, il padre di Peppino? È stato un incidente o un omicidio di mafia? Peppino pensava che si trattasse di un omicidio, anche Felicia e Giovanni lo hanno sospettato e ora Giovanni ritorna su quell'evento e propende decisamente per l'omicidio. Che fare? Chiedere che venga aperta un'inchiesta che non si è mai fatta, o contentarsi di ricostruire una verità storica? La decisione spetta in primo luogo ai familiari.

Quel che è certo è che solo dopo otto anni dall'assassinio di Peppino, Felicia ha raccontato ad Anna e a me che raccoglievamo la sua storia di vita un episodio che si è rivelato decisivo ai fini dell'inchiesta: il viaggio di Luigi negli Stati Uniti, dopo una convocazione di Badalamenti in seguito a un volantino di Peppino più esplicito del solito. E negli Stati Uniti, parlando a una parente, Luigi ha detto: prima di uccidere Peppino debbono uccidere me. A suo tempo abbiamo chiesto a quella parente di mettere per iscritto le parole di Luigi e lei non ha avuto problemi a farci avere un biglietto che abbiamo presentato alla procura. Che significa quel viaggio negli Stati Uniti? Giovanni conferma quello che abbiamo sempre detto: l'incontro con i parenti mafiosi per cercare di coprire le spalle a Peppino, ma pure a se stesso, e con altri parenti per dare sfogo a un'emozione che non si sentiva di esprimere in famiglia dove ormai i rapporti erano diventati impossibili. Incidente o delitto che sia, la morte di Luigi è giunta a proposito per sgombrare la strada all'eliminazione di Peppino, camuffata a quel modo per evitare uno "sgarbo" a una famiglia di storica mafiosità. Finezze della transcultura mafiosa, che aggiunge crudeltà a crudeltà, ferocia a ferocia.

Giovanni parla del suo rapporto con Peppino, un fratello maggiore di cui avrebbe avuto bisogno ma che gli è stato negato dalle vicende che si susseguivano in casa Impastato e nella comunità più ampia del paese. Si può dire che il colloquio più intenso con il fratello cominci dopo la sua morte, quando assieme a Felicia e alla moglie decide che casa Impastato diventi una casa aperta, spalancata a chi vuole conoscere Peppino, sbarrata alla parentela mafiosa. E da lì si snoda una storia che è insieme personale e condivisa da chi si è battuto per salvare una memoria e per pretendere giustizia.

Non ho nessuna inclinazione alle agiografie. Il rapporto tra i familiari, i compagni di Peppino e il Centro è stato intenso e proficuo, ma non sono mancati problemi (da un certo punto in poi a firmare gli esposti siamo stati soltanto in due: i familiari e noi del Centro), come tanti ce n'erano ai tempi di Peppino, e hanno inciso sulla sua sensibilità a nervi scoperti. Possiamo dire che finora ha prevalso un legame che è nato da un impegno comune, rafforzato dai pericoli corsi in piena consapevolezza e anche dai risultati che si sono ottenuti. Il libro in cui Giovanni si racconta ne è prova e testimonianza.

Oggi, a Cinisi e dintorni

Giovanni parla di Cinisi degli ultimi anni e parla di mafia. Non sono più i tempi d'oro del traffico di droga diretto da Badalamenti ma non è affatto vero che a Cinisi e dintorni la mafia non ci sia più e si sia imboccata la strada della legalità. (A proposito: legalità è un termine ampiamente abusato, non solo nelle attività all'interno delle scuole, e che rischia di essere un alibi e un bluff se ci si ferma al solo aspetto formale: anche le leggi razziste di Hitler e Mussolini erano legalità e lo sono anche le leggi ad personam *di Berlusconi. Se proprio non si vuole cambiar termine, bisognerebbe almeno aggiungervi "democratica", a sottolineare la prevalenza dei contenuti sulle forme, la rispondenza delle leggi ai principi fondamentali della Costituzione, a cominciare dall'uguaglianza di tutti i cittadini davanti alla legge).*

Dopo gli arresti dei Lo Piccolo e le dichiarazioni di alcuni collaboratori di giustizia, il quadro risulta chiaro: la mafia da quelle parti c'è sempre e la rete di collusioni e di complicità è abbastanza fitta ed estesa. E ci sono nomi nuovi ma pure vecchi, come i Lipari di cui parlava Peppino. Il guaio è che con la morte di Peppino e le riflessioni di alcuni compagni subito dopo, l'attività che una volta si diceva di "controinformazione" si è data alla latitanza. Lì, come altrove.

Fa bene Giovanni a riprendere un discorso in larga parte interrotto, ma il quadro in questi trent'anni è profondamente mutato. Se Cosa nostra, l'ala propriamente criminale della mafia, dopo il delitto Dalla Chiesa e dopo le stragi del '92 e '93, ha ricevuto dei colpi abbastanza duri, il modello mafioso che lega crimine, accumulazione e potere, il sistema di rapporti, su cui si fonda un blocco sociale egemonizzato dai soggetti illegali e legali che formano la borghesia mafiosa, gode di ampio consenso. Il voto per personaggi come Cuffaro e dell'Utri, nonostante le condanne che hanno avuto anche se solo in primo grado, lo dimostra e getta un ponte dalla Sicilia alla Lombardia. La responsabilità politica di cui parlava una relazione della Commissione antimafia del 1993, a ridosso delle stragi, è rimasta sulla carta e le forze politiche si sono ben guardate dal darsi dei codici di autoregolamentazione. Da anni la Democrazia cristiana, che Peppino e noi con lui indicavamo come il partito più compromesso con la mafia, ha ceduto il passo a Berlusconi che ha introdotto un sistema di potere fondato sulla legalizzazione dell'illegalità e sulla garanzia dell'impunità. Il programma della P2 si è realizzato, anzi è stato scavalcato. E nonostante l'evidente appropriazione del potere a fini di interesse personale il consenso non è mancato, e continua a crescere. Evidentemente la maggioranza degli elettori si specchia in quel modello e considera le regole un intralcio e la Costituzione un ferrovecchio.

Le destre italiane mancano della più elementare cultura liberal-democratica, la Lega è una centrale di barbarie razzista e a sinistra c'è aria di smobilitazione e di svendita. Le grandi narrazioni hanno lasciato solo macerie. Il movimento noglobal raccoglie un dissenso diffuso ma non riesce a spostare di un millimetro le politiche dominanti che hanno diviso il pianeta in due: un supermercato di iperconsumo per pochi, una fabbrica di emarginazione per tutti gli altri. In questo contesto proliferano le mafie e guerre e terrorismi si fronteggiano come facce di un'unica medaglia coniata dal fanatismo identitario e dalla violenza. La crisi finanziaria ha svelato tutti i vizi del mercato e fatto riscoprire lo Stato. Cioè: i profitti sono privati e le perdite si socializzano.

Oggi un personaggio come Peppino si troverebbe ancora più spaesato di quanto lo era al suo tempo, in cui c'erano ancora scampoli di certezze e si progettavano strategie di mutamento. Quel che ci rimane è la sua volontà di farcela anche quando le difficoltà rischiano di sommergerci. E l'interesse che suscita la sua storia, che è la storia di Giovanni, di sua madre, di sua moglie, dei suoi compagni, la nostra storia, sta a dimostrare che la lucidità dell'analisi può andare a braccetto con la pratica quotidiana in una prospettiva di resistenza.

Umberto Santino

Premessa

La storia di Peppino Impastato è una storia di giovani, di ideali, di coraggio, di ribellione e anche di violenza. È una storia tutta italiana.

Per aver dichiarato una guerra irridente e beffarda alla mafia, Peppino fu ucciso in una notte siciliana di tanti anni fa e la sua morte, come quella di mille altri, era destinata esclusivamente ad aggiornare quella lista infinita di crimini relegati nelle pagine della cronaca.

Se la figura di Peppino ha continuato a vivere lo si deve soprattutto all'impegno sociale e civile del fratello Giovanni, assieme a quello dei compagni di Peppino e al Centro siciliano di documentazione a lui intitolato, e a quel vibrante messaggio che, da trent'anni, portano in giro in tutt'Italia e anche all'estero.

Ho conosciuto Giovanni alcuni anni fa, per un'intervista, e da allora è diventato un mio punto di riferimento. Ma Giovanni è anche una conchiglia e, se lo stai ad ascoltare, oltre al rumore del mare di Sicilia ti racconta di amori, di passioni e di sogni che sono poi gli stessi che aveva Peppino. Il suo compito non è soltanto quello di tenere sveglie le coscienze della sua gente, ma stimolare anche quelle di tutti gli altri, compresi coloro che vengono indebitamente definiti da alcuni politici "il vicinato borghese del condominio Italia".

La storia di Peppino non è soltanto la sua: è la storia dei suoi compagni, la nostra storia, piena di fatti e di gioie, ma anche irta di spine. In pratica la storia atavica di chi non si rassegna a essere un semplice strumento, ma pretende di lasciare una traccia visibile del suo passaggio.

Un merito per la riscoperta di Peppino va anche a *I cento passi*, il pluripremiato film di Marco Tullio Giordana che ne romanza le gesta, come quelle di un eroe.

Perché, nell'immenso immaginario collettivo, soltanto Ernesto Che Guevara era riuscito a interpretare degnamente la figura sognante e disincantata del guerriero senza macchia e senza paura, schierato perennemente controvento sul crinale dei deboli e dei diseredati. Eppure, quand'anche in sedicesimo, ma con una visuale filtrata attraverso la stessa ottica, esistono tutti i requisiti perché quello stesso alone possa calzare anche per Peppino, il "guerrigliero" di casa nostra.

Una miniaturizzazione che non contempla però una riduzione di intenti e neppure increspature nel merito, quanto piuttosto una visione deformata e umorale di quello specchio che rimanda l'esiguità territoriale del nostro Paese.

Francesco Guccini (che di eroi se ne intende e che, nonostante le quasi settanta primavere, continua a rappresentare un punto obbligato della nostra memoria) in tempi non sospetti ha avuto modo di scrivere che "gli eroi son tutti giovani e belli". Una frase che, se per alcuni serve a intonacare i muri della retorica, per altri rappresenta invece un'istantanea nitidissima in grado di riportare alla luce quel che la vita e gli anni hanno teso a stemperare e a diluire. Peppino non era di fatto un eroe, ma è morto da uomo libero tentando di aiutare la sua comunità, così come molti di quelli che ricordiamo con questo appellativo, spesso troppo distanziante.

Le scorribande della Morte, comunque, nelle fila degli "eroi", sono destinate a fallire: quei morti saranno destinati a restare per sempre nelle menti delle passate e delle future generazioni.

La guerra di Peppino, anche se non ha avuto scenari di altopiani o di umide foreste, potrebbe essere idealmente considerata come quella di un moderno "guerrigliero". Lui, però, era figlio del suo tempo e della sua terra ed è lì che ha perso la vita per tentare di liberarla da un potere spietato.

Peppino non è stato soltanto un avversario della mafia, ma anche il nemico giurato di tutte quelle storture che fanno della politica italiana un'indecente e immorale anomalia.

La Sicilia non è la Bolivia anche se qualche somiglianza e vaghe entità tendono ad accomunarle. Tra queste, le armi e la violenza, spesso utilizzati in funzione alternativa alla parola.

Peppino non sapeva usare le armi ma, di contro, sapeva valorizzare appieno le parole.

Peppino Impastato venne ucciso nelle campagne di Cinisi, prima malmenato pesantemente in un casolare che costeggia la linea ferroviaria Trapani-Palermo e poi trascinato sui binari per essere fatto saltare in aria, nella notte tra l'8 e il 9 maggio del 1978: il suo impegno, la sua sete di giustizia, il suo furore ideologico erano diventati intollerabili per i suoi avversari.

La sua natura alternativa al contesto e la sua strategia nel combattere l'influenza mafiosa con gli spartiti dell'ironia e dello sberleffo erano inaccettabili e impensabili per la famiglia mafiosa di Cinisi, che voleva invece trascinarlo con la sua appartenenza.

La mafia, per decenni, si era abituata alla prepotenza, alla ritorsione, all'attentato vigliacco fino all'annientamento fisico del suo avversario che, spesso, aveva il solo torto di essere un padre di famiglia o un commerciante. Il suo aspetto sanguinario ha sconvolto le coscienze di alcuni, lasciato indifferenti quelle di altri, ma è pur sempre una realtà inaccettabile che continua a imprimere le sue ferite alla società italiana, soprattutto quella meridionale.

Del resto la mafia non è "coppola e lupara", anche se per anni hanno mascherato il suo aspetto dietro questa sorta di bandiera. Da sempre la mafia ha rappresentato il braccio armato del potere, il "pesce pulitore" dello Stato, le cesoie deputate a potare i ramoscelli cresciuti incontrollati al di fuori del disegno imposto. Anche nel caso di Peppino le cose non sono andate diversamente.

Come si permetteva quel ragazzo così strafottente, sepolto tra valvole, microfoni e mixer, di importunarli e di deriderli dalla sua radio? Come osava ridicolizzarli e offenderli con manifesti sempre più corrosivi? Manifesti che, a Cinisi come in tutta la Sicilia, erano buoni soltanto nei periodi elettorali? Da quale pozzo quel ragazzo traeva la forza e l'energia per inondare il paese con ciclostilati e per essere tanto temerario da fondare e distribuire un giornale?

Le barzellette hanno sempre rappresentato una forma deficitaria dell'intelletto, quasi un'ischemia della ragione, soprattutto dopo l'avvento di un primo ministro che le ha elette a comunicazione mediatica.

Ne esiste però una, particolarmente amara, sulla creazione: dopo aver creato in sei giorni l'intero universo, Dio ne impiegò uno intero per fare la Sicilia. Una distinzione che non tardò a sollevare il bonario rimprovero di San Pietro: "Non è giusto! Non soltanto hai impiegato un intero giorno per fare la Sicilia, ma l'hai anche fatta più bella di tutto il creato". "Hai ragione" si scusò allora il Signore, "vorrà dire che, per pareggiare le cose, adesso dovrò creare i siciliani".

Un paradosso che evidenzia però un'ulteriore sbavatura: se voleva crearli cattivi, da dove sono spuntati gli altri, quelli che non esitano a mettere in gioco la vita per la loro terra?

Ma quel che è amaro constatare è che, in questo tempo vile e di squallore mediatico, i loro nomi contano meno dei tronisti e dei cialtroni che occupano l'intero spazio dell'informazione. Perché alla fine, per quella massa informe abituata a svendere le sue serate a un elettrodomestico, sono questi i modelli da seguire.

Ma per l'altra Italia (perché dovremmo ormai averlo imparato che di Italie ce ne sono sempre state almeno due), i nomi di quegli "eroi" sono uomini che nessun Paese civile dovrebbe mai dimenticare.

Una lista interminabile di uomini comuni, servitori dello Stato, giudici, bambini, sacerdoti, sindacalisti, contadini, operai, giornalisti. Centinaia di morti, i primi addirittura alla fine dell'Ottocento.

La Sicilia, nonostante la sua storia millenaria, la sua bellezza seducente, i suoi colori forti, gli odori inebrianti e la sua parte "sana" (che, è bene ricordare, rappresenta pur sempre la grande maggioranza), è sempre stata una zona di frontiera e di esercitazione per il potere costituito. Fin dall'Ottocento in questa terra la repressione e la conservazione dello stato di cose hanno mostrato il loro lato feroce e vergognoso, con la cancellazione violenta delle lotte contadine e di ogni movimento che cercasse di ottenere un cambiamento sociale, stretto nella tenaglia del fuoco mafioso da un lato e delle armi di Stato dall'altro.

Oggi in Sicilia, così come in Puglia, in Campania e in Calabria, lo Stato continua a mostrare i suoi troppi silenzi e l'incapacità di una corretta gestione territoriale, così da coprire vecchie e nuove complicità che trovano nella disorganizzazione e nella gestione privatistica e illegale dei servizi il terreno più fertile.

Ma tra tutti i problemi che sembrano attanagliare queste regioni (il lavoro, l'incolumità fisica, l'acqua...) è necessario segnalare il più grande, che è la Memoria. In queste aree tutto viene trangugiato e digerito senza alcun problema, a cominciare dalla corruzione, dagli scandali, fino alle truffe miliardarie. In capo a qualche mese, grazie alle attenuanti e agli sconti di pena, i condannati saranno nuovamente liberi di agire.

E se in Italia oggi si vanno sempre più consolidando sistemi corrotti, in Sicilia esistono ormai da tempo e sono diventati ordinaria amministrazione. Per una parte ancora troppo consistente della sua gente l'obbedienza servile e il silenzio omertoso vengono scambiati con la convenienza.

In questo mondo perverso e malato, Peppino Impastato, che di questo libro è il protagonista principale, ha rappresentato invece lo scarto di produzione.

Quel ragazzo, così asciutto e con il sorriso quasi sempre oscurato dalle nuvole, doveva essere uno di loro: un mafioso pronto a garantire la continuità. Una storia che era già scritta e alla quale nessuno era deputato ad apporre varianti o modifiche, meno ancora se il suo dna proveniva direttamente da una famiglia mafiosa.

Per quella cultura malata che da oltre un secolo regna nell'isola, Peppino è stato un prodotto difettoso, un manufatto da buttare, incapace di pentirsi e "normalizzarsi": la sete di giustizia, la voglia di uguaglianza, il rispetto del territorio, la fine delle oppressioni erano idee indigeribili per i suoi avversari.

La mafia, ancora oggi e non solo a Cinisi, ti spia alle spalle, ti controlla attraverso gli occhi sonnolenti della gente, ti guarda attraverso le persiane chiuse in faccia al sole infuocato del Mediterraneo.

Il problema è che ogni giorno di scarti di produzione, di prodotti difettosi e di manufatti da buttare, purtroppo per noi, se ne contano sempre di meno.

Franco Vassia

1. L'infanzia

FRANCO VASSIA: *La Sicilia è forse l'unica delle regioni italiane che può essere confusa con una tavolozza di colori: pennellate talmente violente da sembrare pugni e odori tanto pungenti da restare per sempre incollati alle narici.*

E anche l'infanzia, che dagli albori del mondo rappresenta la stagione più bella e spensierata della vita, in Sicilia è uno scrigno di sogni, ancora al riparo dalle ombre e dai pericoli.

In quegli anni, mentre le tragedie che la vita dissemina accuratamente sul selciato del futuro sono ancora ben distanti dagli occhi e ben oltre la linea che delimita l'orizzonte, si teme soltanto il buio più profondo e lo scoppio fragoroso del tuono.

Di quel tempo meraviglioso che appartiene all'infanzia, la mente rimanda profili scuri di bambini sudati in controluce, accecati dal sole che brucia tutto quanto ha la presunzione di specchiarsi nel bacino del Mediterraneo.

Giovanni Impastato ha imparato a convivere con una vita messa di traverso, squadernata, distrutta e poi riscritta.

Il dramma della mafia lo senti quotidianamente ed è quasi una costante per chi nasce in Sicilia.

Giovanni, cosa ti ha lasciato sulla pelle quel periodo?

GIOVANNI IMPASTATO: Della mia infanzia conservo tuttora immagini vivissime. Ricordo soprattutto il periodo in cui, con la mia famiglia, trascorrevamo le vacanze estive nella tenuta di nostro zio Cesare Manzella, in contrada Munachelli. Negli anni '60 era un vero capomafia, il grande boss della cupola mafiosa. Veniva dagli Stati Uniti e aveva sposato una sorella di nostro padre.

Era da tutti considerato un benefattore. Aveva organizzato in Nord America una raccolta di fondi e con i soldi ricavati aveva fatto costruire una casa di accoglienza per orfani gestita da suore nella piazza principale del paese. Mi dicono che nella stanza della madre superiora, ai lati del crocifisso, da un lato c'era la fotografia dell'arcivescovo di Monreale, dall'altro quella di Cesare Manzella.

Nello stesso edificio aveva fatto realizzare anche un piccolo cinema che era gestito da mio padre, prima che intraprendesse l'attività commerciale.

Di quel periodo ricordo in particolare le serate trascorse sotto il pergolato, ravvivate dal profumo della zagara e dal soffio del venticello che risaliva dal mare.

E poi, come direbbe Luigi Tenco, mi torna anche in mente la "solita strada, bianca come il sale". Così rivedo quella striscia di terra di un bianco accecante che collegava la nostra abitazione con la grande dimora di nostro zio.

E ancora giornate e giornate di caldo intenso, accucciati nell'erba, sudati e sfiniti nel rincorrere rane e lucertole dal colore verdissimo; l'acqua del pozzo che ci impauriva, ma che ci sapeva dissetare e rinfrescare nell'afa estiva.

Vicino alla rimessa c'era una grande grotta. Peppino, io ed altri bambini vi cercavamo riparo, un rifugio sicuro e inaccessibile per nasconderci e giocare. Un posto magico che, quando calava la notte, risplendeva della luce riflessa di decine e decine di lucciole. Anche Leonardo Sciascia, il grande scrittore siciliano, era affascinato da questi piccoli insetti e richiamava l'espressione in dialetto siciliano: "li canileddi di li picurari", le candeline dei pecorai.

Il nostro tempo dell'infanzia non era dedicato soltanto ai giochi, ma veniva quotidianamente scandito dalle tradizionali attività di campagna. Si raccoglieva e si lavorava il pomodoro; si esponeva la salsa rossa al sole sulle tavole, gli "stennitura", e infine, mettendo a bollire le bottiglie, si preparavano le conserve per il periodo invernale. Partecipavamo ai lavori dei grandi come a un gioco, alla raccolta delle olive, dei fichi d'India, dei limoni…

Ricordo ancora le chiassose mangiate assieme agli uomini della "ciurma". Seduti sotto gli alberi da frutto, mangiavamo caciocavallo, olive, cipolle scalogne, sarde salate e salsiccia secca.

Non poteva mancare il rito della panificazione. Due volte al mese, le nostre famiglie si riunivano intorno al forno a legna e, oltre alle tradizionali forme di pane, preparavamo anche le “muffolette”, delle pagnotte che, ancora oggi, si mangiano condite con olio e acciughe. Poi era la volta dello sfincione, la tradizionale pizza siciliana che si differenzia dalla napoletana per gli ingredienti: il caciocavallo, la cipolla, l’acciuga. Era davvero inebriante sentire i profumi del cibo di casa fondersi con quelli della natura.

A sera poi, vinti dalla stanchezza, ci ritiravamo nelle nostre stanze per dormire, facendo bene attenzione a lasciare le finestre aperte quel tanto che, all’alba, ci avrebbe permesso di essere svegliati dal cinguettio degli uccelli.

Le famiglie patriarcali, soprattutto in Sicilia, sono in genere molto numerose: gente che va e gente che viene. Quasi una piccola comune. Oltre alla tua famiglia e a quella di tuo zio, quali altre persone erano solite frequentare quella grande dimora?

C’era davvero molta gente. Tra le persone che spesso venivano a trovarci, c’era Angioletta Anania, una maestra che mi ha accompagnato per tutta la mia infanzia, dalla prima fino alla quinta elementare.

Tra gli altri che erano soliti frequentare quella casa, ricordo molto bene Filippo Vitale, il fattore morto assieme a nostro zio nell’esplosione della Giulietta. Un uomo che, almeno per me, incarnava in quel periodo la caratteristica figura del contadino. Un uomo semplice, attento nel coordinare i lavori che da sempre regolano i tempi e i cicli della campagna.

Mi sembra ancora di vederli, lui e un mio zio Iacuzzu (Giacomo), fratello di mio padre, vaccaro, detto “u baruni”, ma era tutt’altro che un nobile, sempre appresso agli animali, quando durante le loro pennichelle pomeridiane riposavano sulle “icchiene”, i sedili in pietra affianco alla sua stalla.

Ma la figura che maggiormente attirava la nostra curiosità di bambini era quella di un amico di famiglia, che poi abbiamo saputo essere Luciano Liggio, allora latitante nella villa di mio zio. Liggio aveva quasi sempre stampata in faccia un’aria corrucciata, uno sguardo torvo e quasi angosciante. Era sempre avvolto da una strana aria, come se fosse sulla difensiva e attento a rispondere a una minaccia. Solo dopo ho capito che la sua intenzione era quella di mimetizzarsi e di nascondersi, ma non avrei mai potuto immaginare da chi o da che cosa: all'epoca ero solo un bambino.

Per queste e altre mille circostanze posso dire di aver vissuto la mia infanzia a contatto con la natura e con la mafia, come se la mafia facesse parte in modo naturale del nostro vivere quotidiano.

Per noi bambini la parola mafia non significava niente. Peppino ed io vivevamo in quel mondo come in un sogno, senza renderci conto di com'era fatto; eravamo attori ai quali non era stata ancora assegnata la parte.

Ricordo anche che in paese, nella nostra casa di via Regina Margherita, tra i miei amici d'infanzia c'erano i figli di Procopio Di Maggio e il sindaco attuale, Salvatore Palazzolo. Alle scuole elementari il mio compagno di banco per cinque ani è stato mio cugino Ciccio Impastato, fratello di Luigi ucciso nel settembre del 1981 e figlio di Giacomo, "u sinnacheddu", anche lui schedato mafioso. Uno dei figli di Di Maggio, Franco, che poi è morto in un incidente stradale, sarà mio compagno di banco alle scuole medie. Ovviamente non sapevo niente di cosa facesse il padre.

L'infanzia finì in un giorno di primavera. Era il 26 aprile del 1963 quando Cesare Manzella, nostro zio, saltò in aria con una Giulietta imbottita di tritolo.

Una tragedia difficile da capire, soprattutto quando si è bambini, ma destinata a segnare una linea netta tra il "prima" e il "dopo". È così? Cosa ricordi di quel giorno?

Quell'episodio fu davvero sconvolgente. Lo fu per tutti. Io allora avevo soltanto dieci anni. Quel giorno, mentre stava tornando verso casa, nostro zio si era imbattuto in un'automobile, una Giulietta, ferma in mezzo alla stradella che gli impediva di passare con la sua utilitaria. Dopo aver più volte tentato di richiamare con il clacson l'attenzione del proprietario, pensando che si fosse momentaneamente allontanato, nostro zio scese dalla sua auto e, notando le chiavi inserite nel cruscotto, cercò di spostarla da solo. Nel ruotare le chiavi per avviare il motore, la macchina esplose e i corpi dello zio Cesare e di Filippo, che su sua richiesta era accorso per aiutarlo, si ridussero in briciole.

Da quel momento nulla fu più come prima.

Un attentato, quello a Cesare Manzella, che segnava anche una nuova strategia nelle stragi di mafia…

Quella Giulietta è stata infatti la prima autobomba della storia della mafia, un salto di qualità nella strategia del crimine. Il 30 giugno, a Ciaculli, quella stessa strategia ebbe una drammatica conferma, ma è da lì, dall'omicidio di Cesare Manzella, che fu sperimentata quella nuova tecnica omicida. Una delle azioni più eclatanti della prima guerra di mafia che scoppiò nei primi anni '60 e quell'attentato spianò la strada al nuovo boss: Gaetano Badalamenti.

Qualche tempo dopo l'esplosione, con alcuni amici, io e Peppino ci recammo sul luogo del delitto: della macchina non esisteva più niente, soltanto qualche pezzo di ferraglia sparso qua e là per le campagne, partendo dal cerchio del cratere lasciato dall'autobomba.

Peppino aveva allora quindici anni e, vedendo ancora i segni dello scempio, rivolgendosi a noi ragazzi, con un'espressione decisa scolpita nel volto, disse: "Se questa è la mafia, per tutta la vita io le andrò contro!".

Per un tragico disegno della sorte, soltanto quindici anni dopo, lo stesso destino doveva toccare a lui.

La fine dei giochi e dei sogni, la scoperta della violenza e del sangue come elemento quotidiano col quale convivere. Una porta, quella dell'infanzia, destinata a chiudersi per sempre…

La mia infanzia, infatti, è terminata lì, in quel giorno di aprile.

L'avvicinarsi dell'adolescenza ha accelerato in quell'attimo i suoi passi, facendomi crescere sempre più in fretta nella ricerca di un qualcosa che, almeno allora, non sapevo né potevo cogliere e né tanto meno conoscere.

Quell'estate di tanti anni fa l'avrei portata appiccicata addosso come una seconda pelle, per sempre. Non riuscivo più ad apprezzare niente di niente, né la bellezza che nonostante tutto continuava a circondarmi, né tutte quelle cose che, almeno fino ad allora, avevo sempre amato. Tutto mi appariva distante, come una fotografia sfocata.

Il sogno, bellissimo, si era improvvisamente interrotto e la nostra ingenuità era svanita per sempre.

Nei giorni successivi all'attentato, soprattutto per motivi di sicurezza, la tua famiglia ha dovuto riconsiderare la propria esistenza, cambiando abitudini e mettendo in conto la presenza quotidiana della paura...

Dopo la morte dello zio è cominciata davvero un'altra vita. Gli anni della nostra infanzia li avevamo vissuti, inconsciamente e in modo quasi del tutto indolore, a fianco della mafia.

La mafia era sempre stata di famiglia per noi, interna alla nostra casa, così abituale da non farsi notare; ma, con l'omicidio dello zio, d'improvviso diventava una forma spaventosa, sconosciuta e falsamente benevola.

Di quel nucleo familiare, così forte e unito, di quella famiglia felice e ostentatamente patriarcale come era la mia, oggi non esiste più niente: è stata spazzata via dalla crudeltà della mafia che non ha avuto il minimo scrupolo a sconvolgere i nostri affetti e i nostri sentimenti.

La nostra famiglia si sfaldava e, a peggiorare le cose, avrebbe contribuito anche un atteggiamento che, fino ad allora, ci era sconosciuto. Cominciarono problemi nei rapporti familiari, soprattutto per la reazione di Peppino che da allora cominciò a chiedersi in che famiglia e in che mondo vivesse. Da lì inizia una riflessione che lo porterà a fare le sue scelte.

Sono stati tempi molto difficili. Almeno agli inizi, sembrava impossibile poterci liberare da quell'oppressione mafiosa, toglierci dalla testa quel velo di falsità che ricopriva anche la nostra casa.

Ci siamo riusciti pagando un prezzo altissimo ma con un risultato straordinario che oggi possiamo rivendicare con pieno merito: quello di essere tornati a vivere come persone libere che sono riuscite a far capire che in Sicilia è possibile resistere contro lo strapotere della mafia.

Un'eredità dal valore inestimabile, una ricchezza che ci è stata lasciata da Peppino e che mia madre e io abbiamo saputo raccogliere per essere i testimoni del nostro tempo.

Ancora oggi, in Sicilia, la mafia può contare sul consenso di un vasto strato sociale che, nonostante i crimini compiuti, continua a considerarla come un investimento, un'eventualità non totalmente negativa. Non dimenticando che, più che come alternativa allo Stato, si pone come sua parte integrante.

Così Fabrizio De André, negli ultimi concerti prima della morte, era solito provocare il pubblico, e di conseguenza il governo italiano, sottolineando che la mafia riusciva a offrire ai siciliani tutte quelle opportunità e quel lavoro che lo Stato, pur possedendone i mezzi e le capacità, non era mai riuscito a dare.

Non dobbiamo neppure dimenticare che, appena qualche anno fa al tempo del secondo governo Berlusconi, il ministro delle Infrastrutture Pietro Lunardi, di Forza Italia, aveva affermato che con la mafia era addirittura possibile convivere.

Quali sensazioni suscitava la parola mafia nella vostra mente ancora infantile?

Anche allora, come spesso avviene anche oggi nel senso comune, la mafia era vista come qualcosa di utile, come un'organizzazione che poteva soddisfare i tuoi bisogni, che non ti faceva mancare nulla. Per farne parte, bastava soltanto accettare qualche compromesso e il gioco era fatto.

Peppino non ci mise molto a capire che le cose non stavano affatto così, ma che la realtà della mafia era l'esatto contrario di quel che appariva. Una forma di potere edificata sulla violenza e sulla sopraffazione delle fasce più povere e delle persone più deboli.

Ma per noi, almeno in superficie, le cose in quegli anni sembravano andare ancora bene. Lo zio Cesare, "u zu Masi" e "don Tano", davano l'impressione di essere soggetti davvero rispettabili. Persone delle quali neppure riuscivi a immaginare quale fosse la vera identità ma che, nel nostro mondo ingenuo e infantilmente narcisistico, riuscivamo a dipingere come figure benevole che dedicavano la loro vita alla nostra protezione e alla nostra sicurezza. Ma non eravamo solo noi bambini ad ammirarli: tra la gente non riuscivi a trovare qualcuno che ne parlasse male.

Poi, come le crepe che formano una ragnatela sul vetro, qualcosa cominciò a incrinarsi e a rendere instabile quell'equilibrio. Intuizioni che derivavano da sensazioni ancora embrionali, da movimenti apparentemente strani come, per esempio, il trasferimento della nostra famiglia a Contessa Entellina dove, nelle proprietà dell'onorevole Pecoraro, lavorava come gabellotto il fratello di mio padre, Giuseppe detto "Sputafuoco". Quel trasferimento avvenne alla vigilia di un duplice omicidio commesso nella piazza di Cinisi, il mandante del quale (ma questo lo venimmo a sapere soltanto alcuni anni dopo) era proprio lo zio Cesare. Sotto i colpi sparati a raffica caddero Salvatore Mazzola e Giacomo Palazzolo, due mafiosi che, a quanto pare, si erano schierati con i La Barbera, contrariamente alla volontà della cosca di Cinisi che appoggiava i Greco. Qualche mese dopo ci fu l'attentato a nostro zio.

Com'è stato possibile che, proprio nell'alveo di una famiglia mafiosa, soprattutto per il retaggio atavico della mafia che riesce a circuire e a plasmare le menti, sia partita una scintilla di dissenso così luminosa, un fuoco pronto a divampare e una forza capace di mettere a soqquadro tutto il vecchio retroterra della sua cultura?

Sono in molti a chiedersi come mai Peppino, pur vivendo in una famiglia mafiosa, sia riuscito a sviluppare una così forte consapevolezza critica nei confronti della mafia.

A giocare un ruolo determinante credo sia stato soprattutto il contesto politico e sociale di quegli anni, i movimenti che pian piano si andavano formando e la forte spinta al cambiamento che si stava diffondendo negli anni Sessanta verso un certo stato di cose e di privilegi e contro una politica di compromessi che durava da più di un ventennio. E, inoltre, lo spirito di ribellione che provava verso quel potere criminale che aveva compiuto il brutale assassinio di nostro zio.

Si può dire che Peppino sia stato il figlio del suo tempo, la sintesi delle sue componenti migliori, quelle che, animate da uno spirito di rivolta, anche ingenuo e incontrollato, sapevano cogliere e sviluppare gli aspetti più creativi e costruttivi.

Come sono anche convinto che niente sarebbe esploso con tanta forza e in modo così deflagrante senza la sua formazione culturale, frutto dell'incontro con alcuni insegnanti e con l'educazione offertagli dallo zio Matteo, fratello di mia madre, un uomo che leggeva molto, aperto e dalle idee democratiche. Normalmente votava per il Partito socialista, ma quando era candidato Stefano Venuti votava per il Partito comunista.

Quando Giovanni, un altro fratello nato prima di me e dopo Peppino, morì a tre anni per una sospetta meningite, Peppino andò a vivere per un certo periodo a casa dello zio Matteo, con la zia Fara, sua sorella, e con nonna Girolama. Da loro sarebbe tornato anche successivamente quando, per salvare le apparenze con i suoi amici, nostro padre lo cacciava di casa.

Lo zio Matteo è stata una figura importante per Peppino, per la sua maturazione culturale. Dopo la sua morte, Peppino aveva perso una guida che sapeva consigliarlo.

Lo zio Matteo, tra l'altro, cominciò man mano a essere in rotta con mio padre perché non riusciva ad accettare le violenze anche verbali che questi imponeva a Peppino, così come l'atteggiamento scontroso che aveva con mia madre.

Nel periodo del liceo classico, a Partinico, Peppino cominciò a frequentare due fratelli che abitavano a Cinisi e che erano figli di un ferroviere, Sgrò, venuto da fuori e inserito nelle fila del Psiup (Partito socialista di unità proletaria) locale.

Da questa vicinanza e dall'interesse che suscitò in Peppino quel mondo politicizzato, così nuovo per lui e così diverso da quello familiare, nacque la sua militanza all'interno di quel partito.

Anche se tutto propriamente incominciò con l'esperienza de "L'Idea socialista", un piccolo giornale di paese, ma dai contenuti fortemente innovativi, il cui gruppo redazionale era diretto da Peppino assieme a un altro compagno, Agostino Vitale. Fu allora che Peppino entrò in contatto con le battaglie di Danilo Dolci e la campagna pacifista contro la guerra del Vietnam.

In questa vicenda vostro padre appare come una figura quasi rassegnata e prigioniera di un ruolo forse troppo grande e sicuramente ingombrante. Un personaggio minore nella gerarchia della mafia, che riveste una parte di secondo piano.

Nostro padre non aveva un ruolo centrale all'interno di Cosa nostra, come poteva essere quello di Cesare Manzella o di Gaetano Badalamenti. Però, nonostante il suo aspetto, che poteva facilmente essere scambiato per bonario, era inserito piuttosto bene all'interno dell'organizzazione.

Non so dirti se anche lui avesse prestato il giuramento e si fosse sottoposto al rito di affiliazione. Non dobbiamo però dimenticare che Luigi Impastato era il cognato di un grande capomafia e, solo per questo, era una persona che meritava da quella gente il più ampio rispetto.

Credi che possa aver avuto rapporti diretti o indiretti con qualche crimine?

Durante il periodo del fascismo, al tempo del prefetto Mori, era stato confinato a Ustica e già schedato come mafioso. Poi aveva fatto il contrabbando ed è stato socio del cugino Giacomo Impastato, detto "u sinnacheddu".

Non ne ho la certezza, ma non credo che possa essere stato il mandante o l'esecutore di qualche omicidio. Il suo ruolo credo fosse quello di creare una rete organizzativa per alleggerire o favorire la latitanza di alcuni mafiosi di punta.

Era amico di molti mafiosi, più o meno noti. Ne ricordo qualcuno: i Rimi di Alcamo, una di loro era moglie di Badalamenti, i Sacco di

Camporeale che aveva conosciuto tramite un suo socio nel negozio e compare, che doveva battezzare Peppino. Non l'ha potuto fare perché era latitante. Gli ha fatto da padrino mio zio Matteo.

Tuo padre gestiva un negozio?

Dalla fine degli anni '50 nostro padre aveva un negozio di alimentari e vini sulla statale di fronte alla stazione di Cinisi. Poi si è trasferito dove siamo ora. E, negli ultimi anni, aveva aperto anche la pizzeria. Quello era il suo lavoro onesto e alla luce del sole con cui si guadagnava da vivere. Era un'attività del tutto estranea rispetto alla sua partecipazione all'universo di Cosa nostra. Da ragazzo e anche dopo nel suo lavoro l'aiutavo io mentre Peppino era interessato ad altre cose.

È risaputo che una famiglia mafiosa si regge soprattutto sulla figura maschile, che condensa il potere, l'onore e il rispetto. Le mogli assumono spesso il ruolo di complici, fornendo sostegno e proteggendo gli affari loschi con il proprio silenzio. Vostra madre, invece, ha sempre dimostrato di possedere un carattere molto forte, intollerante verso certe imposizioni.

Quali erano le differenze sostanziali e caratteriali tra tuo padre e lei?

Mio padre, non si direbbe, era anche capace di un'ironia tagliente e di una sprizzante allegria che lo aveva reso ammirevole agli occhi di mia madre e l'aveva colpita fino a farla innamorare.

Lui manifestava spesso il suo lato ironico con scherzi e burle, come una volta che era in campagna con suo cugino Masi Impastato, patriarca mafioso, latitante, mentre nella vicina cappella della Madonna di Trapani erano in corso i festeggiamenti con tanto di banda musicale. Non appena vide che i musicanti, in divisa, erano assiepati poco lontano dall'ingresso della villa con gli strumenti ancora nei foderi, mio padre urlò al cugino: "Attento! C'è un esercito di sbirri che sta venendo a prenderti!". Masi Impastato, cadendoci in pieno, gettò un'occhiata tanto veloce a quegli uomini, che non riconobbe nemmeno dal tipo di divisa e, terrorizzato, scappò gambe all'aria, sparendo dalla circolazione per molti giorni.

Mia madre sapeva anche farsi rispettare nell'ambito del loro rapporto e, fin dai primi giorni del matrimonio, aveva imposto a suo marito di non portare in casa gli "amici". Gli diceva che, fuori dalle mura di casa, poteva fare quel che voleva ma, all'interno, doveva mantenere un comportamento onesto. Lei, personalmente, non voleva avere alcun contatto con una realtà che rifiutava in modo categorico.

Un atteggiamento, questo, che non era sfuggito a Peppino. Ho la convinzione che sia stato proprio Peppino, con il suo impegno sociale e politico, a far emergere, in modo così netto, tutta una serie di contrasti e di contraddizioni peraltro già esistenti nel loro rapporto.

Nostra madre, nonostante tutto, cercava comunque di essere la mediatrice dello scontro, per preservare quel po' di serenità che ci era rimasta. Il suo ruolo non era affatto semplice.

Ricordo che, con toni quasi supplichevoli, si rivolgeva spesso a Peppino chiedendogli di essere prudente e di non esagerare. Ma sapeva bene che la scelta del figlio, anche se comportava dei rischi notevoli, era giusta. A quel tempo era ancora condizionata dal mondo che la circondava: non aveva ancora sviluppato la coscienza antimafiosa che ha poi caratterizzato i suoi anni a venire.

Ma questo non vuol dire che non soffrisse.

Mi raccontava spesso di quando, in occasione delle retate e delle operazioni condotte nel circondario dalle forze dell'ordine contro i mafiosi, mio padre doveva nascondersi in casa. Ogni volta che i carabinieri venivano a cercarlo, nostro padre, regolarmente informato come tutti da alcune soffiate, scendeva in un cunicolo chiuso da una botola nascosta sotto una cassapanca e sbucava in una casa vicina, lasciando la moglie in lacrime e terrorizzata con Peppino bambino in braccio.

Lei era terrorizzata dall'idea che, un giorno, il marito le sarebbe stato portato via dai carabinieri e le sarebbe toccato provvedere da sola a noi figli. Ma qualche volta gli urlava che, per porre fine a quello strazio, prima o poi avrebbe parlato e rivelato il nascondiglio per farlo arrestare. Un'altra minaccia che gli rivolgeva, era quella che sarebbe scappata e ci avrebbe portati via per sempre da quell'inferno.

Nostra madre aveva più volte manifestato l'idea di lasciarlo ma quello che la frenava era il fatto che poi non avrebbe saputo come mantenerci. Anche perché, per intraprendere una strada così difficile per quei tempi, non avrebbe potuto contare sull'appoggio di nessuno.

Un'altra cosa che non riusciva a tollerare, erano le imposizioni di nostro padre quando la costringeva ad accompagnarlo a far visita di cortesia a Gaetano Badalamenti e, mentre loro discutevano, ad intrattenersi con la moglie.

Vivendo nell'incertezza di chi non sa cosa aspettarsi dal futuro, il più delle volte sembrava accettare tutto quanto le accadeva intorno senza ribellarsi.

Dopo la morte di nostro zio Cesare, c'era il rischio di dover sottostare ai voleri di Gaetano Badalamenti e subire i suoi sbalzi d'umore. Proprio in quegli anni la mafia stava cambiando volto: aveva abbandonato le campagne per spostare le sue attenzioni e i suoi interessi verso i centri urbani. Una strategia che aveva obbligato anche nostro padre, a modo suo, a stare al passo coi tempi, a rivedere e a riconsiderarne il ruolo, schierandosi chiaramente con Badalamenti, nonostante che mio nonno a suo tempo avesse avuto contrasti con i "Battagghi", soprannome dei Badalamenti. I "battagghi" sono in campanacci delle mucche.

Nostra madre cercava di tenersene al di fuori anche se si comportava come un'umile e rispettosa donna di casa. Un ruolo in contraddizione con il suo carattere, un atteggiamento motivato dalla volontà di preservare la sua famiglia da traumi.

Un atteggiamento quasi accomodante che però mascherava e nascondeva una volontà piuttosto ferrea...

Che nostra madre fosse una donna molto forte lo aveva dimostrato già qualche anno prima, quando rifiutò un matrimonio "combinato" in perfetto stile siciliano, con il corredo già esposto. Fu una scelta rivoluzionaria e contrastante con il clima di oppressione patriarcale di quei tempi.

A qualche giorno dalla data fissata per le nozze maturò in lei la decisione di non accettare quell'imposizione che la obbligava a sposare un giovane che sentiva come un estraneo e con il quale aveva avuto solo un contatto sporadico, successivamente interrotto dalla chiamata alle armi.

Si chiuse nella sua stanza e permise soltanto a suo fratello di entrare per informarlo che non avrebbe mai acconsentito a quella unione, perché non amava quello che altri avevano deciso che avrebbe dovuto essere il suo sposo. In quell'occasione disse anche che, se solo le avessero torto un capello, avrebbe denunciato il padre e il fratello oltre a tutta la famiglia del fidanzato imposto. All'epoca, per accelerare i matrimoni, era in uso organizzare le "fuitine".

Oppure posso raccontarti di quando, dopo essersi sposata, seppe di un tradimento di nostro padre e lo cacciò di casa. Ci volle del tempo prima che accettasse di rivederlo. Furente e fiera, in quell'occasione tenne testa anche alle insistenze di Cesare Manzella, suo cognato, che si era presentato in casa nostra nelle vesti di paciere. Tornò sui suoi passi soltanto più tardi, quando si rese conto che la famiglia era per lei un rifugio necessario, da difendere in ogni caso.

Nostra madre, oltre ad aver rappresentato per anni la figura centrale nella nostra famiglia, ha avuto anche un ruolo determinante per la mia crescita. Dopo la morte di Peppino, è stata lei, superate le incertezze iniziali, ad aiutarmi e a spingermi ad affrontare, con cautela e razionalità, le battaglie più difficili. È riuscita a colmare quella voragine affettiva che nostro padre, con il suo comportamento legato a una cultura che non potevamo accettare, aveva provocato dentro di noi. Quando ero piccolo, ai tempi delle vacanze trascorse in campagna, con lei ho condiviso momenti di grande tenerezza e di straordinario affetto. Sentimenti arricchiti anche dalla presenza di mio fratello, che riusciva a rendere quel clima ancor più caloroso. Anche se Peppino aveva cinque anni più di me (lui era nato nel '48, io nel '53) e non viveva stabilmente a casa nostra (ho avuto poche volte il piacere di giocare con lui, ma credo che quelli siano stati i momenti più belli della mia infanzia), nostra madre non faceva alcuna differenza tra di noi, ci spronava a essere sempre uniti. Ho molta nostalgia di quegli anni, di quelle carezze e di quei sorrisi.

Un rapporto profondo, pieno d'amore, che, però, sembra essere in perfetta antitesi con quello vissuto con vostro padre.

Lei rappresentava il rifugio, il collante con l'infanzia, il ritorno a casa. Vostro padre, pur con tutto l'affetto determinato dal legame famigliare, sembrava invece essere la causa dei contrasti e delle lacerazioni.

Nostro padre sembrava avere un solo obiettivo: quello di educare i suoi figli a suo modo. Ha sempre tentato di imporci le sue idee, il suo codice comportamentale, come dice anche Peppino nel suo scritto autobiografico. Quando però ha capito di avere enormi difficoltà per riuscire nel suo intento, ha tirato fuori tutta la sua rabbia, il suo orgoglio di padre non rispettato. Aveva fallito come padre-mafioso e questo non poteva perdonarselo. Diventava affettuoso soltanto se piegavamo la testa o quando restavamo in silenzio ad ascoltare le sue prediche.

Con tutte le sue forze cercava di persuaderci ad accettare le sue idee. Se da una parte, e in modo categorico, ci proibiva di frequentare gli ambienti e i movimenti legati alla sinistra, dall'altra ci imponeva di mostrare rispetto per i suoi amici mafiosi. Anche se, alla fine, tentò di scendere a compromessi con Peppino, dicendogli che avrebbe accettato persino il suo impegno politico da comunista, in cambio del silenzio sugli affari della mafia e dei suoi amici. Ottenne solo il rifiuto sprezzante di Peppino che, da allora, si chiuse ancora di più nei suoi confronti.

Tentò di farlo smettere, persuadendolo a continuare con regolarità i suoi studi universitari, perché, dopo la laurea, avrebbe lui stesso provveduto a una sistemazione lavorativa sicura con l'intervento dei suoi amici. Anche in quel caso la risposta di Peppino fu nettamente negativa.

Peppino veniva considerato da tutti un tipo sveglio, intelligente e le persone mostravano interesse per quanto diceva nei suoi comizi. Nei giorni in cui erano programmati nostro padre, per evitare che i suoi amici mafiosi lo andassero a cercare per chiedergli conto delle parole del figlio, si rifugiava in campagna, mentre nostra madre si chiudeva in casa per la paura, pregando Peppino di lasciar perdere. Scene come queste, a casa nostra, accadevano regolarmente.

Ricordo che mia madre raccontava che una sera lei tentava di evitare che suo marito si imbattesse nel comizio che Peppino teneva in piazza. Era il suo primo comizio. Felicia cercò mille scuse per non fare uscire mio padre di casa. Ma non ci fu verso. Saliti in macchina, imboccarono il corso principale. Lei era tesa e quasi paralizzata dalla paura. Per sua fortuna, un grande assembramento di gente impediva di vedere chi stava sul palco in quel momento. In lontananza, sentivano solo la voce di Peppino che però non fu riconosciuto dal padre, il quale, ascoltate alcune affermazioni pronunciate da quella voce, ebbe a commentare: "Però, è in gamba questo ragazzo! Parla bene, dice le cose giuste…". Nostra madre rimase senza parole.

Almeno agli inizi, credo che lui si crogiolasse all'idea di avere un figlio così acculturato e mentalmente vivace, uno che, in tutti i sensi, potesse regalare prestigio alla famiglia.

Queste erano le sue aspettative che restarono fortemente deluse.

Peppino si stava progressivamente dimostrando un corpo estraneo, l'esatto contrario delle aspettative di vostro padre…

Peppino, come si dice in siciliano, si rivelò uno "sfardato", visto dalla prospettiva di mio padre, uno che sul libretto di lavoro portava scritto "disoccupato" e che, dopo aver sostenuto una decina di esami, aveva abbandonato gli studi universitari. Mio fratello aveva altre aspirazioni. In effetti, anche in paese, veniva dipinto nella stessa maniera denigratoria da tutti coloro che non accettavano il suo modo di essere, quello di un contestatore nei confronti del sistema.

C'è un'immagine che non riesco a dimenticare ed è quando, osservato dagli amici nella piazza di Cinisi, nostro padre passeggiava tenendo per mano Peppino bambino. Allora era orgoglioso di quel figlio così sveglio e intelligente che, un giorno, avrebbe preso il suo posto.

Con lui erano pochissimi i momenti lieti. Nostro padre non era portato ad esprimere affetti o curare relazioni. Quel poco che a volte cercava di darci, non riusciva a colmare il nostro senso di vuoto. Un senso di smarrimento provocato dal suo modo di agire e di imporsi, anche con la prepotenza, contro la nostra volontà. Il suo atteggiamento, tipico della cultura mafiosa, irritava la nostra sensibilità e ci impediva di essergli vicini. Se ci voleva bene? Credo di sì, anche se il suo era un modo piuttosto tradizionale di voler bene, troppo legato al suo retroterra culturale. Se ci voleva bene, lo faceva a modo suo.

In seno alla famiglia si stava comunque delineando una frattura molto profonda...

Le incomprensioni e l'incomunicabilità durarono fino alla fine, fino al giorno della sua morte. Ecco lo sfascio che la mafia arreca alle famiglie inserite nel suo sistema: gli affetti, i legami, passano in secondo piano, sono sacrificati sull'altare del potere e del giogo criminale. Riesce quasi ad annullare la tua essenza. Credo che Peppino, prima di me e di nostra madre, avesse voglia di essere completamente se stesso, finalmente libero. La necessità di liberarsi nel suo caso non riguardava solo le catene delle consuetudini familiari e sociali, cattoliche e becere, disancorate con le proteste del '68, ma soprattutto le imposizioni e i costumi mafiosi. Quel vestito che nostro padre voleva che indossasse a tutti i costi, Peppino lo aveva ridotto in brandelli nello stesso momento in cui gli era stato presentato.

Mio fratello, prima di essere un oppositore e in seguito una vittima della mafia, è stato una specie di superstite, uno dei pochissimi se non l'unico che, pur facendone parte per nascita e per destino, è riuscito ad uscire moralmente indenne dalle sue maglie, a passare la trincea e a schierarsi dall'altra parte per cominciare, pur consapevole di essere minoranza, un difficile percorso di resistenza. Credo che la sua determinazione derivasse dalla consapevolezza e dalla conoscenza diretta degli orrori e delle storture dell'oppressione mafiosa.

Così, come si sentiva mia madre fino alla sua morte, mi sento anch'io: uno che nonostante il dolore, la rabbia, le perdite e la disperazione, è riuscito a conquistare un piccolo ritaglio di libertà e di autodeterminazione. E devo dire che rifarei tutto quel che ho fatto. Ed è per questo che, oggi, dopo mio fratello e nostra madre, continuo il mio percorso di resistenza.

2. La ribellione e la militanza politica

FRANCO VASSIA: *Analizziamo meglio il personaggio principale della nostra storia: Peppino Impastato, tuo fratello che, come una scheggia impazzita, ha fatto deragliare i luoghi comuni dell'onore e del rispetto, sfarinando in un sol colpo tutte quelle realtà che erano state acquisite dalla tua famiglia da troppi anni di appartenenza mafiosa.*

Peppino, con le armi dell'ironia e dello sberleffo, ha scalfito le fondamenta di una struttura ritenuta, almeno fino ad allora, inaccessibile e quasi impenetrabile. Come vedevi Peppino? Quel tuo fratello così battagliero che, con il suo atteggiamento intransigente e indomabile, è riuscito non soltanto a mettere in difficoltà il potere mafioso del paese, ma che ha colpito al cuore la sua stessa famiglia?

GIOVANNI IMPASTATO: Con Peppino, a quel tempo, avevo un rapporto difficile, quasi conflittuale. Eravamo totalmente diversi in quanto a mentalità e, anche fisicamente, ci somigliavamo pochissimo.

Oltre alla differenza di età, un fatto non trascurabile che rendeva più complicato anche il nostro modo di comunicare, tra di noi esistevano molte divergenze. Peppino aveva una sensibilità e una maturità spiccata, un intuito al di fuori dal comune e, visto che ero il suo fratello minore, cercava in ogni modo di farmi prendere coscienza dei problemi. E poiché secondo lui non ero abbastanza sveglio, a volte arrivava persino a strattonarmi.

C'erano, però, anche momenti belli, nei quali parlavamo tantissimo, soprattutto dei nostri affanni familiari e del trauma di dover vivere in un contesto comunque illegale.

Su alcune cose ci trovavamo spesso in disaccordo, ma quelle discussioni, se non altro da un punto di vista affettivo, ci avvicinavano ancora di più e ci univano in uno scambio di idee che per me era fonte di riflessioni. Altre volte, era come se ciascuno di noi si vergognasse dell'altro e si sentisse in colpa per quel che ci accadeva intorno. In quei momenti, per fortuna rari, non ci guardavamo neppure negli occhi.

Nonostante queste difficoltà, ci volevamo davvero un gran bene. Quando poi ero in crisi, da buon fratello maggiore, Peppino cercava di capire il mio stato d'animo e mi stava molto vicino.

Se c'è una cosa della quale mi pento è di non aver fatto lo stesso con lui, forse perché ero convinto che, essendo più grande e determinato di me, non ne avesse bisogno.

Com'era Peppino?

Peppino era mingherlino, ma molto forte, anche fisicamente. Non era mai stanco delle sue passeggiate in montagna, delle giornate che, seduto sul bagnasciuga, trascorreva al mare aspettando il tramonto. Mi tornano in mente i bagni fatti insieme, gli spruzzi d'acqua, i giochi, le gite in barca e la pesca dei ricci.

Credo che, per Peppino, sia sempre stata quella l'immagine della serenità: gli piaceva moltissimo cucinare in spiaggia il pesce che aveva appena pescato. Poi era colmo di passioni, di curiosità intellettuali. E leggeva moltissimo. Ancora oggi, quando rileggo i suoi testi, mi stupisco della varietà degli interessi. Mi soffermo spesso a leggere quei suoi appunti, riflessioni e commenti scritti minutamente negli spazi bianchi laterali delle pagine.

Gli piaceva la letteratura russa, possedeva quasi tutti i testi di Dostoevskij. Amava Sartre, i poeti maledetti francesi, Camus. Aveva anche una forte ammirazione per Pasolini e per i suoi romanzi. Ricordo ancora come reagì quando in televisione dettero la notizia della sua morte. Dalla rabbia tirò verso lo schermo una scarpa che si era sfilata.

Divorava anche saggi storici e le analisi sulla mafia, le opere di Marx, Lenin, Gramsci. La sua non era una lettura superficiale, studiava e approfondiva ogni singola frase: la sottolineava e, nei margini, aggiungeva le sue considerazioni. Mi sembra ancora di vederlo, sepolto dai fogli riempiti da una scrittura, magari scomposta, ma che esprimeva riflessioni molto articolate.

La cultura ha avuto un ruolo determinante, fondamentale per la sua crescita. Lo ha aiutato ad allargare i suoi orizzonti, il suo sapere. Non ha soffocato, come purtroppo è accaduto ad altri, la sua umiltà. Peppino non ostentava atteggiamenti da intellettuale e neppure si sentiva in una torre d'avorio.

Riusciva a comunicare e farsi capire anche dalle persone più semplici, dai contadini e dagli edili con i quali, spesso in dialetto strettissimo, usava le espressioni più popolari e colorite. Aveva accolto nel suo gruppo di amici anche un giovane nero che era nato dalla relazione che durante la guerra una donna di Cinisi aveva avuto con un soldato afro-americano. Questo ragazzo era emarginato da tutti per il colore della pelle; Peppino l'ha aiutato a studiare, era suo amico e anche questo è stato visto come un fatto strano.

Ammirava molto la gente comune, perché diceva che da ciascuno di loro potevi ottenere qualcosa di importante, un piccolissimo pezzo di verità.

Si divertiva a sconvolgere e a scompaginare i codici comportamentali rigidi e bigotti della chiesa cattolica mentre, nel modo più assoluto, non sopportava quelle persone che, fingendosi timorate di Dio e delle sue leggi, approfittavano di ogni occasione per calpestare il loro prossimo. Peppino era ateo e anticlericale, libero da ogni tipo di influenza.

A suo modo era un provocatore, spesso un anticonformista.

Nel vostro paese quali sono stati i personaggi che lo hanno maggiormente influenzato?

Uno di questi è stato Stefano Venuti. Peppino, fin da bambino, era affascinato dalle figure al di fuori della norma come quella di Venuti, un uomo che, a Cinisi, andava sempre controcorrente, un comunista che pareva avesse dichiarato una guerra personale alla mafia. Subito dopo la strage di Portella della Ginestra, aveva fondato in paese la sezione del Partito comunista italiano, un gesto dirompente per una comunità come la nostra. Precedentemente, era stato un dirigente del locale movimento contadino. Nel 1947, il 22 giugno, subì un attentato: una bomba esplose nella sede del partito per fortuna senza causare morti. Quel giorno ci furono altri attentati nei paesi vicini, ad opera della mafia e della banda Giuliano.

Il 22 ottobre dello stesso anno, a Terrasini, venne ucciso il militante comunista Giuseppe Maniaci, segretario della Confederterra, che si era politicizzato in carcere, dove era finito per piccoli reati e dove aveva conosciuto dei dirigenti comunisti detenuti politici.

Peppino era molto affezionato a Venuti e almeno nel primo periodo, prima che il Pci subisse una pesante trasformazione con la linea del compromesso storico, la sua figura ha avuto per lui un certo peso. Ne ammirava lo spirito ribelle, la sua avversione al sistema. Venuti, nella zona, era un personaggio piuttosto scomodo per quei tempi. Ma il rapporto di Peppino con il Pci dura pochissimo. Ben presto va al Psiup.

Peppino non era attratto soltanto da Venuti, amava tutte quelle figure che gli sembravano libere e controcorrente. Parlava spesso anche di un capostazione di Cinisi, un certo Peralta che, ai tempi del fascismo, per aver rifiutato la tessera del partito, era stato isolato e ridotto sul lastrico. In paese si diceva che avrebbe dovuto prendere la tessera fascista per non fare soffrire la famiglia.

Erano queste persone ad influenzarlo maggiormente e credo che, anche per merito loro, si sia sviluppata la sua formazione culturale e politica.

Nella sua lotta da una parte c'era l'analisi lucida, supportata dall'approfondimento dei problemi, dall'altra c'era invece il suo spirito goliardico che riusciva a mettere in burla i personaggi più in vista.

Peppino era un tipo poliedrico e manifestava in tanti modi il suo impegno.

Dei tanti episodi goliardici che hanno segnato la sua vita, ricordo quando in occasione dei festeggiamenti in onore della santa patrona del paese si presentò con buona parte del corpo e la testa fasciate e coperte da cerotti, come un ferito appena dimesso dall'ospedale, suscitando l'ilarità dei compagni e scandalizzando i benpensanti.

Oppure quando, con un piccolo gruppo di amici vestiti di tutto punto in giacca e cravatta, come per andare ad una cerimonia, nella piazza principale di Cinisi organizzò un banchetto con tanto di portate, camerieri in papillon e un ombrellone per proteggersi dal sole. La "manciata 'nta chiazza", voleva essere una provocazione, una rappresentazione dissacrante della borghesia locale.

C'era poi il carnevale alternativo. Mentre a Cinisi veniva celebrato come la solita buffonata che culmina con il ballo in maschera, Peppino ne organizzò la farsa. Un carnevale alternativo, con sfilate popolate da cloni che dileggiavano i personaggi più rappresentativi della comunità. Approfittava di quella festa per mettere alla berlina il sistema locale e deridere i politici che sapeva in odore di mafia.

I personaggi dei suoi scherni erano i notabili del paese: il mafioso, il politicante corrotto, il professore dalla cultura autoreferenziale e non poteva mancare il prete. Nelle ultime battute delle farse che rappresentava in giro nelle sale da ballo, in case private e in locali pubblici, tutti insieme sorseggiavano amabilmente un caffè offerto dal mafioso, come in un rito riappacificatore che metteva a posto ogni cosa. La gente si divertiva, ma c'era chi storceva il muso. Sono le prime forme di satira politica sperimentate da Peppino e da altri, una sorta di preludio a Onda pazza di Radio Aut.

Tra i compagni di Peppino c'era Gaspare Cucinella, un uomo di teatro e di cinema che sarà noto per i suoi spettacoli con Scaldati e con Benigni. È sua la scena nel teatro in cui dà dell'assassino a Johnny Stecchino. Con Cucinella mio fratello ha organizzato alcune delle sue più riuscite scorribande.

Un pomeriggio, con un mulo, Gaspare assieme a Peppino entrarono in un bar della piazza, quello maggiormente frequentato dalle persone più note del paese. Mio fratello, con una corda, tirava l'animale cavalcato da Gaspare. Tutti guardavano stupefatti quella scena e i due dissero che anche le povere bestie avevano diritto di bersi un caffè in santa pace.

Negli ultimi anni, con Gaspare Peppino improvvisò uno dei passaggi più riusciti di Radio Aut, "Vita Mafiopolitana", uno spaccato che rappresentava la sintesi perfetta delle consuetudini e della sottocultura così diffuse a Cinisi.

Con la sua innata abilità, mio fratello riusciva a sfruttare anche una sagra paesana come spazio di comunicazione e di denuncia anziché come una semplice occasione di divertimento. Quella che per molti era soltanto una valvola di sfogo, diventava una strategia per sollecitare riflessioni e sviluppare idee.

L'ironia di Peppino traspariva anche dai soprannomi che affibbiava ai suoi compagni o ad alcuni conoscenti, che prendevano spunto da caratteristiche fisiche o caratteriali, come in una sorta di caricatura. Ad esempio chiamava "'U frascinu (frassino) di bonannu (una località di montagna)" un farmacista del paese che era molto alto o "vagheggino svenevole" un ragazzo che era particolarmente curato nell'aspetto, o ancora "restiamo amici" una ragazza che rispondeva regolarmente con questa espressione alle avance che le venivano rivolte. I ragazzi che adocchiavano una donna avevano uno "sguardo spermatozoico", oppure commentava: "la libidine gli scende dalle orecchie".

Dove pensi possa aver attinto questo stile provocatorio?

Oltre alla sua capacità satirica innata, credo che molto sia dipeso dalla sua passione per la letteratura. I libri erano per lui una fonte inesauribile. Penso che siano state proprio le sue letture a predisporlo alla provocazione e ad acuire la sua capacità introspettiva.

Quelli erano anche gli anni dei primi scontri di piazza…

Gli scontri a Cinisi avvennero in reazione alla compravendita di posti di lavoro architettata all'ufficio di collocamento in combutta con un esponente del Movimento sociale italiano.

Peppino aveva fatto un manifesto certamente sopra le righe, con un disegno del vignettista Gasparazzo di Lotta continua che mostrava un operaio che, pisciando, spegneva la fiamma tricolore del Msi, il partito che aveva riciclato i reduci del fascismo. Un po' più in basso, a caratteri cubitali, campeggiava la scritta: "Posti di lavoro in vendita". Un messaggio certamente irritante per i camerati di Cinisi che si misero a strappare i manifesti. Peppino, dopo averne sorpreso uno, gli chiese di mettersi in ginocchio e di chiedere scusa. Intervennero altri camerati e dei compagni per difendere i loro amici coinvolti.

In quell'occasione, Peppino fu aggredito da un gruppo di camerati addestrati da personaggi piuttosto noti tra i picchiatori neri di Ordine nuovo. Tra di loro doveva esserci anche Francesco Mangiameli, un dirigente siciliano del movimento di estrema destra Terza Posizione, ucciso nel 1980 dai Nar, un altro gruppo armato fascista, per aver sottratto denaro destinato a finanziare l'evasione di Pierluigi Concutelli, terrorista di Ordine nuovo e killer del giudice Vittorio Occorsio.

Quel giorno mia madre intervenne in difesa di Peppino che era finito sotto il mucchio degli aggressori e tutti i compagni furono denunciati per lesioni personali da un fascista.

Conservo ancora quel mandato di comparizione dove, dopo il nome di Peppino, sono elencati una ventina di compagni e attivisti (sia dei gruppi extraparlamentari che del Pci), molti dei quali non erano neppure presenti agli scontri. Tra i denunciati c'ero pure io. Ero andato con Peppino davanti alla sede del Msi.

Peppino fu chiamato in tribunale anche dopo la sua morte. Ricordo che nel dicembre del 1978 il quotidiano di Palermo "l'Ora" uscì con il titolo: "Impastato risorgi in nome del popolo italiano".

In quel periodo le provocazioni fasciste si facevano sempre più fitte, con passaggi di armi, comparse di scritte inneggianti al Duce e minacce ai comunisti.

Peppino non faceva assolutamente nulla per stemperare la tensione. Anzi: le sue provocazioni non facevano altro che alimentarla.

Peppino non perdeva occasione per esprimere il suo dissenso. Riusciva a sfruttare anche le cose più semplici, come la proiezione di filmati che sollecitavano i giovani ad arruolarsi nelle forze dell'ordine.

Nella polizia, soprattutto dopo gli scontri con i braccianti di Avola nel dicembre del '68 e con gli studenti, allora si individuava un nemico di classe e, anche se Peppino capiva che erano soltanto burattini all'ordine dei potenti, riteneva quel corpo come il principale responsabile della repressione violenta.

Gli anni '60 erano sul finire e la piazza di Cinisi, quella sera, era predisposta per la proiezione del video. L'organizzazione aveva appena terminato di disporre le sedie e montare lo schermo, quando da un gruppo di persone è partita una contestazione con fischi e urla tanto forti da impedire la prosecuzione del programma. Un atto di sfida a cui si è risposto con un pestaggio in piena regola. Nello scontro con i carabinieri, intervenuti per sedare gli scontri, Peppino venne spinto a terra e finse di essere morto. Mentre alcuni compagni, terrorizzati, si allontanavano alla ricerca di un medico, altri si attivavano per l'arrivo di un'ambulanza. Lo scontro improvvisamente si placò mentre i carabinieri si interrogavano stupiti. Uno di loro si era accorto che Peppino, apparentemente esanime, con una mano faceva cenno ai suoi di proseguire.

La proiezione dei film per l'arruolamento nella polizia, dopo quella sera, venne sospesa.

Un altro avversario, particolarmente allergico a Peppino, era Leonardo Pandolfo, sindaco di Cinisi, successivamente eletto deputato nelle file del Partito socialdemocratico…

Leonardo Pandolfo, che Peppino chiamava provocatoriamente "Onorevole Pantofo" (di cui, più avanti, ai tempi di Radio Aut, fingerà di intervistarne il cane), era l'esponente di punta del Psdi (Partito socialdemocratico italiano) di Cinisi, un partito che, nella zona, raggiungeva quasi il 30% dei voti.

Pandolfo era un personaggio potente e anche arrogante. Peppino, che in lui vedeva il classico referente della mafia, lo ha bersagliato per anni, anche dopo la sua elezione a sindaco di Cinisi.

Durante un comizio di Pandolfo, Peppino, sostenuto da alcuni compagni, si era intrufolato nella folla di ascoltatori. Mentre stava per prendere la parola, da un settore del pubblico è partito un applauso e un "Bravo!" urlato a squarciagola. Il sorriso di Pandolfo, che aveva scambiato l'interruzione per un'ovazione, doveva lasciare il posto alla costernazione quando si accorse che la scena si ripeteva ogni volta che tentava di aprire bocca. Il pubblico si associava agli applausi.

Quando Pandolfo e il servizio d'ordine si accorsero della beffa, scatenarono una rabbiosa reazione e Peppino finì all'infermeria del paese. Altre botte Peppino le ha prese a Palermo, durante un comizio del generale golpista Di Lorenzo.

Nel sentire questi fatti, si fatica a credere che Peppino avesse un carattere altalenante. In effetti, lui è sempre in prima fila, il primo ad esporsi: il compagno coraggioso, temerario ma anche solare, gioviale e scherzoso…

È vero! A pensare a tutte le sue burle, viene difficile credere che avesse anche un lato più buio. Peppino alternava picchi di euforia e momenti negativi. Passava dal bianco al nero, da periodi di grande entusiasmo, nei quali riusciva a essere molto ironico e scherzoso, a una malinconia quasi apatica e a una vera e propria disperazione. Uno stato d'animo che è stato strumentalizzato nell'inchiesta successiva alla sua morte, con il ritrovamento della lettera scritta nel novembre del 1977, in cui Peppino proclama il suo fallimento e parla di suicidio. In una seconda stesura invece parlava di "abbandonare la politica". Nella sua breve vita, Peppino ha vissuto momenti certamente difficili. Il suo lato positivo era rappresentato dalla forza del suo carattere che lo aiutava a districarsi tra mille difficoltà.

Il suo carattere altalenante si era già avvertito fin dai tempi dello studio?

Non direi. Dopo le medie ha deciso di frequentare il liceo classico e, ancora oggi, alcuni dei suoi compagni di classe ricordano che, piuttosto che giocare a pallone, preferiva dedicare il suo tempo alla lettura. Sembrava quasi che non volesse sciupare il suo tempo, che reputava prezioso. Al liceo era bravissimo. Soltanto dopo molte ore di lettura si fermava per dare quattro calci.

Di quei momenti di svago, conservo numerose fotografie.

Dopo il liceo Peppino si iscrisse all'università, al corso di filosofia che però frequentò pochissimo. Faticava ad accettare il mondo accademico, lo considerava un terreno poco fertile e vuoto, esclusivamente votato alla propagazione e al consolidamento della cultura borghese. Forse è per questo che diede soltanto qualche esame. A quel tempo le facoltà erano il regno incontrastato dei baroni: una situazione che, ancora oggi, non si può dire sia poi tanto cambiata.

Di contro, però, non perdeva un'occupazione né una dimostrazione. Era parte integrante di quelle lotte, un militante molto attivo; uno dei principali animatori dei movimenti studenteschi che avrebbero dato vita ai gruppi della sinistra extraparlamentare.

Grazie a Peppino e al suo gruppo di compagni, Cinisi, all'epoca, era uno dei "punti rossi", uno dei centri dove la militanza di sinistra si stava maggiormente affermando. Ancora oggi, qualche compagno di Palermo ricorda che Cinisi, in quegli anni, era una realtà molto viva. Un paese dove la sala consiliare veniva occupata per lo svolgimento di un concerto alternativo, dove si organizzavano raduni musicali sull'onda di Woodstock e dove era venuta a esibirsi la Comuna Baires, uno dei gruppi teatrali alternativi più noti.

E in questo clima nasce "L'Idea socialista"*?*

All'inizio il giornalino si chiamava "L'Idea", successivamente la testata diventa "L'Idea socialista". Siamo negli anni '60, dal 1965 al 1967. È il periodo in cui Peppino militava nel Psiup. Il giornale era ciclostilato e distribuito con un gruppo di compagni.

Peppino era giovanissimo e scriveva articoli molto particolareggiati e durissimi contro la mafia e contro le connivenze politiche che contribuivano ad amplificarne il potere.

L'articolo più significativo Peppino lo pubblicò in occasione della sua partecipazione alla "Marcia della protesta e della speranza", del marzo 1967, una manifestazione organizzata da Danilo Dolci in solidarietà alle popolazioni della valle del Belice per lo sviluppo socioeconomico della Sicilia occidentale, l'anno prima del terremoto.

Vogliamo ricordare chi era Danilo Dolci?

Danilo Dolci era un sociologo triestino venuto in Sicilia negli anni '50 per promuovere una serie di battaglie sociali nonviolente. In quel momento era una delle figure ribelli emergenti e quella che, come modello, Peppino ammirava di più, per la creatività e lo spirito di innovazione.

Dolci aveva ripreso gli "scioperi alla rovescia", una forma di lotta che era stata adottata dal movimento contadino con la coltivazione delle terre occupate. Ora i disoccupati organizzati lavoravano, senza permesso e senza retribuzione, per ripristinare strade dissestate.

Nel marzo del 1970 a Partinico Dolci fu anche il fondatore, assieme ad altri collaboratori, della "Radio dei poveri cristi", la prima radio libera nella storia, creata per dare voce a coloro che non avevano la possibilità di esprimersi e per denunciare le condizioni nelle quali vivevano le popolazioni colpite dal terremoto e da troppi anni dimenticate dalle istituzioni.

Quell'emittente si segnalò per aver irradiato una sola trasmissione, che durò 27 ore, nella quale si ripeteva un accorato appello, una sorta di Sos, interrotta dall'intervento di poliziotti, carabinieri e pompieri che, dopo aver sequestrato il materiale, fermarono i redattori con l'accusa di aver violato la leggi sulle comunicazioni.

Ci furono poi i fatti di Punta Raisi: la lotta dei contadini contro l'esproprio delle loro terre, destinate alla costruzione della terza pista dell'aeroporto…

La rivolta contadina di Punta Raisi è del '68 ed è stata, senza dubbio, una delle manifestazioni più significative di disobbedienza civile compiute da Peppino.

Quelle terre, che erano la ricchezza e il sostentamento di un centinaio di contadini e delle loro famiglie, erano state destinate all'allargamento dell'aeroporto di Palermo. I loro proprietari, in cambio della perdita della loro unica fonte di vita, avrebbero ricevuto un risarcimento irrisorio.

Tra l'altro la costruzione della terza pista era stata pensata per evitare che gli aerei venissero sbilanciati dallo scirocco, un vento che spesso soffia fortissimo in quella zona, ma, questa soluzione non si è dimostrata affatto efficace. Tanto è vero che ci sono stati disastri aerei con molti morti.

Peppino, per aver organizzato le manifestazioni di protesta, è stato fermato e denunciato: c'è una foto molto bella dove, alla testa di alcuni contadini, tenta di entrare in municipio per occuparlo simbolicamente.

La resistenza nelle ultime fasi fu molto dura, con le cariche dei soldati e dei carabinieri contro le barricate che erano state improvvisate in difesa dei terreni. In molti, anche anziani, furono fermati e malmenati.

Quello di Punta Raisi è stato un atto di ribellione contro il potere costituito. Peppino non sopportava le ingiustizie, soprattutto quelle che giungevano dallo Stato.

Subito dopo quelle battaglie per la terza pista, Peppino si è schierato a fianco degli operai edili, una categoria particolarmente vessata e sfruttata dai capicantiere e da imprese a partecipazione mafiosa.

La protesta non riguardava soltanto il diritto di avere un'occupazione stabile, ma la sicurezza stessa sul lavoro. La Sicilia, come tutta l'Italia, ha pagato e continua a pagare un tributo altissimo alle morti "bianche".

Per averne chiesto la messa in regola, Peppino fu più volte minacciato dai costruttori, una categoria che aveva molti legami con la mafia e con forze neofasciste. Conservo ancora delle lettere anonime dal tono pesantemente minaccioso ricevute da Peppino e da altri compagni.

Ma le sue denunce, per la magistratura di quel tempo, sembravano essere aria fritta: non c'è stato nessuno che, per quelle minacce di morte, abbia cercato di aprire un'inchiesta.

Quella intorno a Cinisi è sempre stata un'area particolarmente a rischio. Peppino era convinto che il mare antistante al paese, come a tutta la costa fino ad Isola delle Femmine, dove aveva sede una base, fosse un crocevia di spostamenti di armi da parte della Nato.

Erano gli anni del tentato golpe di Junio Valerio Borghese, il fascista riciclato dagli americani in padre della Patria. Per diverse notti, in quel periodo, Peppino non aveva dormito a casa. Alla notizia del tentato colpo di Stato, come molti militanti di sinistra, aveva cercato un rifugio alternativo.

Erano anni di forte coscienza sociale che approdano nel '68…

Peppino ebbe la fortuna di vivere quel periodo, particolarmente fertile per la sua generazione. Un anno che in Italia, e nel mondo intero, coincideva con i movimenti di massa e la lotta per i diritti civili: il sogno di una rivolta che avrebbe dovuto portare l'immaginazione al potere.

In Italia le mobilitazioni durarono più a lungo che negli altri Paesi e si unirono con le lotte della classe operaia.

Si preparavano tempi brutti per il sistema ed è per questo che è scattata la strategia della tensione con la strage di Piazza Fontana.

Un sogno finito davvero troppo presto. In effetti, molti di quei personaggi, militanti di punta di partiti come il Pci o Lotta continua e nati con il compito di cambiare il mondo, si sono poi distinti per la loro abilità nel sapersi riciclare: Giuliano Ferrara, Giampiero Mughini, Paolo Liguori…

Forse è anche per questo che, nello scacchiere politico italiano, Peppino non ha mai avuto un vero punto di riferimento. Nel corso degli anni la sua militanza è diventata sempre più articolata.

Dopo l'adesione al Psiup, che lasciò in seguito allo scioglimento della Federazione giovanile, sull'onda emotiva dell'uccisione del "comandante amigo" avvenuta in Bolivia il 9 ottobre del 1967, fondò il Circolo "Che Guevara", un'associazione che riuniva militanti di diversi movimenti della sinistra e che, con la successiva organizzazione degli edili, a Cinisi contribuì alla fondazione di una camera del lavoro. Peppino si ispirò molto al "Che", ne condivideva in pieno la lotta per la liberazione dei popoli oppressi, principalmente quelli del Sud America.

Gli spiriti liberi trovano enormi difficoltà nell'entrare negli schemi rigidi dei movimenti partitici. Peppino era uno di questi…

Il suo modo di porsi e di sfidare il potere aveva la necessità di poter contare su una struttura organizzativa che gli garantisse la copertura delle spalle e fosse in grado di proteggerlo dagli attacchi più sconsiderati. Ma nello stesso tempo tollerava a fatica la chiusura e la rigidità dei partiti. Peppino ne ha avuto la prova durante la militanza nei gruppi marxisti-leninisti.

Nel 1972, dopo l'assassinio di Feltrinelli, Peppino aderì alla campagna elettorale de "il Manifesto" ed era molto interessato alle tesi sui consigli di fabbrica come forma di auto-organizzazione dal basso e di democrazia diretta.

Dopo una serie di attività svolte all'interno del Circolo "Ottobre" di Palermo (1973), e un lungo periodo di studio e di avvicinamento, Peppino confluì in Lotta continua, che si distingueva per il suo spirito movimentista. Erano i primi anni Settanta, un periodo di grande vitalità in campo sociale e politico, assolutamente insolita, almeno per noi.

Mio fratello non era un semplice militante, lui andava oltre le realtà di partito. Anche se nell'organigramma di Lotta continua non ha mai avuto incarichi dirigenziali, è sempre stato un punto di riferimento per tanti. A Cinisi sono venuti più volte Mario Capanna, in quel periodo leader del Movimento studentesco, e Mauro Rostagno, il leader di Lotta continua per il quale lui nutriva una grande stima tanto da stringere un rapporto di amicizia.

Venne poi il periodo del servizio militare...

Nel 1974 Peppino era ormai fuori corso e aveva abbandonato gli studi universitari. Per questo, quando fu richiamato, cadde in uno stato di panico, reso ancora più angosciante dalla minaccia di un nuovo tentativo di colpo di Stato. Molti compagni vissero quei mesi di servizio come un periodo di persecuzione.

Ho ricordi ancora vivi di quel periodo. Casualmente, e per alcuni mesi, Peppino ed io abbiamo fatto il servizio militare assieme. Lui era fuori corso all'Università, mentre io proseguivo la trafila della chiamata di leva. Dopo il Car (Centro addestramento reclute) fatto a Trapani, mio fratello era stato trasferito a Udine ed io, da Roma a Cividale del Friuli. Eravamo quindi vicinissimi, il che ci permetteva di vederci spesso, anche due o tre volte la settimana.

Anche in quel breve periodo passato sotto le armi, Peppino non limitava il suo impegno. Ovunque ci fossero cose che non andavano lui cercava di opporsi, di indicare una soluzione.

A Udine, durante il servizio militare, ci eravamo iscritti a una cellula operativa collegata politicamente a Lotta continua che operava nelle caserme, i Pid (Proletari in divisa). Uno dei dirigenti di Lc che si occupava del lavoro nelle caserme era Tony Capuozzo, ora a Mediaset. Questa adesione non ha certo aiutato Peppino, anzi! Proprio per quella scelta venne spesso richiamato dagli ufficiali. La vita militare, soprattutto in quel periodo, era particolarmente repressiva e il suo modo di ribellarsi, di criticare e di contestare le condizioni all'interno delle caserme, serviva soltanto a peggiorare le cose. Una situazione che aveva finito per indebolirlo. Era diventato meno sicuro e spesso lo vedevo angosciato. Diceva di sentirsi spiato.

Al suo ritorno, forse perché rinfrancato dalle analisi elaborate in quei mesi trascorsi lontano dalla sua terra, Peppino dette vita a una nuova fase ancora più incisiva, quella più innovativa.

Alla luce di queste esperienze, come procedeva il rapporto nella vostra famiglia?

Come una pentola in ebollizione. Io vivevo con grande sofferenza gli scontri interni che devastavano la nostra famiglia. Litigate furiose durante le quali nostro padre, ormai ai limiti della sopportazione, lo cacciava spesso fuori di casa.

Mi sembra di capire che, nonostante i buoni propositi di vostra madre e le sue continue intromissioni svolte per stemperare la pressione, nessuno dei due fosse disposto a cedere all'altro un solo centimetro…

In casa c'erano spesso discussioni molto accese. Peppino, nonostante l'insistenza del padre e le preghiere della madre, non scendeva mai a compromessi. Il suo era un compito che aveva assunto con profonda convinzione e che avrebbe portato avanti nonostante tutto. Se si fosse tirato indietro o avesse chiesto scusa, nostro padre, con ogni probabilità, lo avrebbe perdonato. Peppino possedeva invece una determinazione ferrea, ai limiti dell'ostinazione.

Così, quasi tutte le sfuriate finivano con la sua cacciata di casa. Soltanto dopo pressanti suppliche di mia madre, Peppino si decideva a tornare in famiglia. Ma capitava che occorressero dei mesi.

Qualche volta, soprattutto nelle ricorrenze delle feste, era proprio mio padre che chiedeva di farlo rientrare o mi incaricava di rintracciarlo per riportarlo a casa. In un certo periodo si è affittato un pianoterra, poi andrà dalla zia Fara nei pressi della stazione ferroviaria. Le poche volte che Peppino accettava, era per non dare un dispiacere a nostra madre e per l'affetto che nutriva per lei. Qualche volta per entrare in casa quando non c'era il padre, si arrampicava sul tubo che scendeva dalla grondaia per arrivare al balcone del primo piano.

Ho vissuto quei momenti difficili come un trauma. Sentivo la necessità della sua presenza, il bisogno della figura di quel fratello che mi era già mancata per lungo tempo durante la mia infanzia. E adesso, proprio quando si presentava l'occasione per riavere rapporti duraturi, Peppino veniva nuovamente allontanato da me. All'insaputa di nostro padre, ero costretto a frequentarlo fuori casa.

Quel periodo ha lasciato in me ferite molto profonde.

Peppino ed io eravamo due tipi molto diversi ma, a peggiorare ancora di più le cose, subentrava una componente ulteriore che rendeva ancora più sofferta e amara la distanza che ci separava. L'attenzione della mia famiglia, ma non soltanto quella, era rivolta a Peppino in modo quasi esclusivo. Per i nostri genitori era lui il vero punto di riferimento.

Non nascondo che questa differenza, così marcata, mi infastidiva enormemente. Nonostante cercassero spesso di coinvolgermi, mi sentivo profondamente frustrato e trascurato. In realtà, per questo atteggiamento dei nostri genitori, a Peppino non ho mai attribuito alcuna colpa. Continuavo ad ammirarlo e anche se dissentivo da alcune sue posizioni troppo intransigenti, cercavo di capirlo perché gli volevo molto bene.

D'altro canto, l'ho già detto, avvertivo la necessità, quasi fisica, di avere un fratello maggiore, avevo bisogno della sua presenza. Una figura molto differente da quelle del padre e della madre. Il ruolo di un fratello maggiore ha sempre qualcosa di particolare: nei momenti di maggior bisogno deve avere anche e soprattutto un ruolo protettivo.

Capisco che è difficile parlare di questi problemi a chi è stato abituato a vivere in una famiglia diciamo normale.

Con nostro padre ho vissuto contraddizioni ancora più forti. Quando è morto, e questo non mi vergogno di dirlo, ho provato dentro di me un grande senso di liberazione perché, finalmente, avevo la possibilità di sottrarmi alle sue continue imposizioni.

Ma, al tempo stesso, avvertivo anche il profondo dolore che comporta la perdita di un genitore, della persona che ti ha messo al mondo. Queste sofferenze, queste lacerazioni, nonostante tutti gli anni trascorsi, le porto ancora dentro di me.

Sono ferite incurabili che hanno influito su di me, sul mio carattere, sul mio modo di rapportarmi con le persone e anche su come costruire e portare avanti un progetto familiare.

3. L'Idea socialista

FRANCO VASSIA: *Questi momenti duri e drammatici divennero ancora più aspri quando tuo fratello decise di fare un foglio ciclostilato: "L'Idea socialista"...*

GIOVANNI IMPASTATO: Quel giornale, in un paese come Cinisi, ha destato molto scalpore. Gli articoli riguardavano tematiche scottanti, non solo la mafia, le collusioni politiche, ma anche la repressione sessuale, i disagi nelle relazioni tra i due sessi, le speculazioni anche per la costruzione di un campetto di calcio, con il beneplacito dell'amministrazione comunale e dei sindaci Pellerito prima e Pandolfo poi.

E il caso più eclatante, quello che ha fatto saltare definitivamente l'equilibrio all'interno della nostra famiglia, si è verificato in relazione ad un'uscita che doveva essere esplosiva, dico "doveva" perché l'articolo non è stato pubblicato. Peppino aveva scritto un articolo intitolato "La mafia è una valanga di merda" che nelle citazioni correnti è diventato "La mafia è una montagna di merda".

Nel tentativo di sedare uno scontro che si prospettava durissimo, nostra madre riuscì a bloccare l'uscita di quel numero. Il possessore del ciclostile era il padre di due compagni di liceo di Peppino che militavano nel Psiup e mia madre andò a trovarlo e lo pregò di soprassedere.

Nostra madre aveva cercato di responsabilizzare anche i genitori di altri compagni del gruppo redazionale: lei era convinta che un attacco così diretto sarebbe stato troppo pericoloso per tutti.

Ma, a parte i nostri problemi familiari, è proprio con quel giornale che Peppino ha prefigurato tutto il suo impegno civile e politico successivo.

Lui credeva molto nei mezzi di comunicazione e quel giornale voleva essere per Cinisi un primo esperimento per documentare le malefatte della mafia e dell'amministrazione, dare voce ai giovani, alle donne, agli emarginati. Era anche un occhio rivolto ai problemi internazionali. Non dimentichiamo che, in quegli anni, c'era la guerra nel Vietnam.

Cosa pensava Peppino di quell'invasione?

Lui era contrario a tutte le guerre, con tutte le sue forze. Quella del Vietnam in particolare, con il napalm sganciato sui villaggi indifesi, lo disgustava. Detestava l'imperialismo e, di conseguenza, quasi tutta la politica americana. D'altra parte considerava l'Unione Sovietica come un paese revisionista e pensava che la Cina fosse un modello di Stato socialista. Vedeva nella resistenza dei compagni vietnamiti un grande esempio di lotta di liberazione.

"L'Idea socialista" dava anche spazio ai problemi locali, ai fatti della zona…

Tutto quel che succedeva in Sicilia, e di conseguenza nella nostra realtà cittadina, trovava riscontro sul giornale. Un esempio può essere il terremoto del Belice, in occasione del quale Peppino non ha soltanto dato risalto a quella tragedia negli articoli, ma ha anche fatto parte delle squadre di soccorso formate da volontari accorsi per dare aiuto ai terremotati. Cinisi, sollecitata da quella presa di coscienza, si era distinta anche per aver messo la colonia estiva dell'Ente Zolfi a disposizione dei rifugiati. Era questo lo spirito di Peppino: era animato da un grande senso di solidarietà, un'urgenza che per lui diventava quasi una febbre.

Sempre in merito a vicende locali "L'Idea socialista", e di conseguenza Peppino, vennero querelati dal sindaco di Cinisi per un articolo particolarmente pungente, che ne denunciava la totale mancanza di cultura sportiva. Il nostro paese, che arrivava quasi a 10mila abitanti, non aveva un campo di calcio.

Il sindaco, il magistrato Domenico Pellerito, imparentato con Gaetano Badalamenti, era il principale bersaglio di quell'articolo e si era offeso per quell'attacco che lo accusava di "ignorare completamente la parola sport". La sua denuncia, e la conseguente decisione del pretore di Carini, portarono alla chiusura del giornale per oltre un anno. I redattori, tra l'altro, erano stati accusati di stampa clandestina.

I giovani della redazione, con una lettera aperta, si erano rivolti anche al professore Abbate, un vecchio esponente locale del Partito socialista che, da poco, si era unificato con il Partito socialdemocratico. Quest'ultimo aveva come più noto esponente a Cinisi il famoso Pandolfo che, nel frattempo, si era schierato a favore dell'intervento americano in Vietnam. Questa e altre gravi affermazioni avevano spinto Peppino ad attaccare anche il professore socialista, che pure stimava, per farlo riflettere sulla presenza nel suo partito di esponenti dalle idee e dalle azioni per nulla in linea con il socialismo e la sua ideologia.

Qualche tempo dopo, arrivò una lettera anonima che "consigliava vivamente" alla redazione di non scrivere male di personaggi "stimabili" come Pandolfo e Pellerito. La lettera venne pubblicata in prima pagina nel numero successivo.

Ma i servizi che riguardavano la nostra comunità erano numerosi: uno dei più diretti fu l'inchiesta sul sesso. Il sesso era considerato un tabù, quasi come se fosse un reato. Con quel servizio, fatto assieme ad Agostino Vitale, oggi purtroppo scomparso, Peppino cercava di sollecitare un'apertura mentale contro le imposizioni e censure allora dominanti. Non solo in Sicilia. Ricordo che "La Zanzara", un giornale alternativo di Milano, aveva distribuito un questionario e aveva creato un caso nazionale.

"L'Idea socialista" era un giornale veramente scomodo. Il suo lavoro di denuncia e di controinformazione dava fastidio a molte persone. Un'ulteriore denuncia del nuovo sindaco Leonardo Pandolfo, sommata a quella del suo predecessore e la fuoriuscita di alcuni redattori legati al Psiup che aveva ormai preso le distanze dall'iniziativa, portarono alla chiusura definitiva del giornale.

4. Musica e Cultura

FRANCO VASSIA: *Peppino, dopo l'esperienza con "L'Idea socialista", qualche anno dopo promosse il circolo Musica e Cultura...*

GIOVANNI IMPASTATO: Era la prima volta che a Cinisi nasceva un luogo davvero alternativo. Un punto d'incontro per nuove forme di aggregazione giovanile, non solo basato sull'approfondimento di tematiche civili, ma anche attento alle attività creative più disparate e all'aspetto ludico. Un'anticipazione di quelli che saranno i centri sociali autogestiti.

Musica e Cultura nacque come reazione a un diniego subito da parte dell'allora arciprete di Cinisi, al quale Peppino e il suo gruppo avevano chiesto di utilizzare la cripta della chiesa del Sacramento per un concerto.

La richiesta all'inizio venne accolta e il gruppo, una band formata da giovani vicini alle idee politiche di Peppino, dopo aver montato l'impianto, cominciò a fare le prove dei suoni. Ma il giorno prima del concerto il parroco ritirò la concessione del locale. I motivi non li volle spiegare. Soltanto più tardi sapemmo che il divieto all'utilizzo della sala venne da Giuseppe Finazzo, presidente della confraternita del Sacramento, che faceva capo a quella parrocchia, e da Peppino soprannominato "Percialino" perché proprietario di cave per il pietrisco.

Il concerto fu annullato?

Fortunatamente no. I ragazzi erano demoralizzati perché, oltre al locale del prete, l'unico spazio grande a sufficienza per un concerto era l'aula consiliare del comune. Il sindaco era fuori sede e così abbiamo dovuto chiedere a Franco Maniaci, il vicesindaco di Cinisi, iscritto al Pci, che ci concesse lo spazio. Il concerto si svolse regolarmente in un'aula affollatissima.

È in quel preciso momento che nacque l'idea di Musica e Cultura.

Il passo successivo è stato quello di trovare un locale adeguato, grande abbastanza per contenere il maggior numero possibile di persone. La scelta cadde su un garage, situato in via Faro Pizzoli al numero 242. In quel garage si faceva di tutto, dai balli ai percorsi di autocoscienza fino a discussioni destinate a terminare a notte fonda. Confronti e approfondimenti nei quali si parlava di argomenti che mettevano a nudo le nostre debolezze, ma che erano anche lo stimolo che ci permetteva di esprimere il nostro impegno in difesa della libertà e dei valori civili. Musica e Cultura ha successivamente ospitato spettacoli di gruppi teatrali alternativi, concerti che ebbero un grande successo e, due volte la settimana, promuoveva un cineforum seguito da un dibattito.

A Casa Memoria conserviamo ancora le locandine: film di Pasolini, Visconti, Fellini, Rosi e soprattutto film sulla mafia.

Anche lì ebbe un ruolo importante Gaspare Cucinella. La sua capacità si consolidò proprio in quegli anni grazie a significative collaborazioni e sperimentazioni.

Il circolo, in brevissimo tempo, è riuscito a essere un punto di aggregazione, capace di coinvolgere tantissimi giovani. Spesse volte, per la calca che si formava, la gente non riusciva ad entrare. A Cinisi non si erano mai visti tanti giovani che si riunivano soltanto per parlare; giovani provenienti da famiglie di ogni tipo, alcuni con parentele in odor di mafia. Era un modo per conoscere qualcosa di nuovo e per sottrarsi al provincialismo e alla monotonia quotidiana.

E, in quel contesto, è nato anche il collettivo femminista: una vera sfida per la nostra realtà cittadina. Le donne che vi aderivano erano trattate dagli abitanti di Cinisi come prostitute e, per tanti, il circolo non era altro che un luogo di perdizione e di orge. Immagina ragazze ventenni che, in quegli anni, salivano sul palco per affrontare in comizi pubblici temi come l'aborto, la contraccezione, la liberazione sessuale. Tutto questo in un paesino siciliano così radicalmente compattato su posizioni censorie.

Ci furono anche inchieste e ricerche sul lavoro femminile sottopagato e precario, un lavoro che definire "in nero" sarebbe troppo poco.

Qualche tempo dopo nacque anche il collettivo antinucleare che esordì con rappresentazioni di strada, dove veniva simulata la morte atomica. Alcuni ragazzi e ragazze, dopo essersi sdraiati sull'asfalto, si fingevano morti mentre altri li raccoglievano e li ammucchiavano uno sull'altro, come corpi senza vita. Attività che suscitarono la riprovazione di molti benpensanti.

Fortunatamente Peppino e gli altri non si curavano affatto delle critiche e andavano avanti senza alcun problema. Musica e Cultura è stato un grande momento di impegno culturale e civile, il momento più alto che ha avuto Cinisi.

Peppino è stato tra i primi a capire la fondamentale importanza che rivestiva la musica di quegli anni. In quella che per molti rappresentava soltanto un passatempo, lui aveva letto in controluce i germi dell'impegno pacifista, delle battaglie sociali, della letteratura colta. La colonna sonora di una generazione.

Non dimentichiamo che negli anni della guerra del Vietnam la musica era uno stimolo fondamentale per risvegliare le coscienze. Quelle canzoni, da Blowin' in the Wind *a* Masters of War *di Bob Dylan, da* We Shall Overcome *di Joan Baez fino a* Eve of Destruction *di Barry McGuire erano arrivate fino alle soglie della Casa Bianca.*

Cortei di pacifisti, sostenuti dai più grandi musicisti dell'epoca, percorrevano in lungo e in largo le principali città del mondo per protestare contro la guerra.

La musica era per lui soprattutto una forma di aggregazione collettiva. La vedeva come una delle più efficaci e coinvolgenti forme di comunicazione.

Peppino sapeva che con la musica e con la poesia si poteva lavorare ancora più in profondità, suscitare una risposta più sentita.

Fin dai primi anni '60 aveva cominciato a documentarsi su quei personaggi che stavano influenzando la storia culturale e politica del mondo intero. Autori e poeti che da noi erano praticamente sconosciuti ma che, successivamente, sono diventati i paladini del pacifismo. Intelligenze luminose che hanno contribuito a creare un collante formidabile con la realtà.

Ma quello non è stato soltanto un momento musicale particolarmente proficuo, è come se si fosse trattato di una rivoluzione vera e propria che, oltre alla musica, ha toccato i diritti civili, i costumi, l'arte, la moda. Pensiamo a Martin Luther King, ad Angela Davis...

Peppino è riuscito a captare quei segnali e a trasmetterli anche agli altri come forme di cultura del cambiamento. Ha portato a Cinisi anche un famoso gruppo rivoluzionario di teatro alternativo come Comuna Baires. Non è facile riuscire a realizzare tante iniziative e tanti momenti così importanti: eventi straordinari che coinvolgevano un'intera generazione.

In questo, l'Italia era molto ricettiva: come fossero suoi figli, ha saputo accogliere anche gli Inti Illimani, un gruppo fuggito dal Cile in seguito al colpo di Stato di Augusto Pinochet...

Un grande gruppo che cantava una canzone storica: "Il popolo unito non sarà mai vinto!". Purtroppo l'unità spesso rimane un desiderio.

Parlando di artisti meno noti, sempre a Cinisi Peppino ha contribuito ad organizzare anche il primo raduno delle Nuove tendenze: un festival che si sviluppava sull'onda delle esperienze nate con i raduni di Woodstock, dell'Isola di Wight e, in Italia, di Parco Lambro. Un'esperienza che purtroppo non ha avuto seguito.

Quella prima edizione, svoltasi sulla spiaggia di Cinisi e alla quale hanno partecipato tantissimi gruppi, iniziata nel primo pomeriggio si è protratta fin quasi alle luci del mattino, con sonorità che rimandavano ai Beatles, ai Rolling Stones e ai cantautori americani.

Quali altri gruppi ascoltava? In Italia erano gli anni del rock progressivo e del cantautorato...

In quel circolo si ascoltava della musica veramente straordinaria. Insieme ai Pink Floyd, uno dei suoi gruppi preferiti, si poteva ascoltare la Premiata Forneria Marconi, il Banco del Mutuo Soccorso, le Orme... Peppino era molto legato a quel fenomeno musicale oggi etichettato come rock progressivo. Così com'era altrettanto legato ai grandi cantautori come Fabrizio De André e Francesco Guccini. Tra i suoi preferiti c'era Claudio Lolli, un bravissimo cantautore bolognese che riusciva a miscelare la poesia e le tematiche politiche più attuali.

Nel circolo, oltre ai concerti dal vivo, si era soliti ascoltare e commentare le novità musicali, analizzarle, discuterle, confrontarle. Se pensiamo all'importanza della musica di quel periodo e a quella che oggi viene spacciata dai media, c'è da farsi venire un attacco d'ulcera.

Ma Peppino era anche un innovatore: per molti, abbinare la musica alla cultura, era quasi una bestemmia. Non dimentichiamo che l'altra Italia era popolata dai Bobby Solo, dai Little Tony, dai Celentano e dalle "Partite di pallone". Era contro gli stereotipi di ogni genere...

Soprattutto! E con tutta la sua forza. Odiava gli uomini di plastica, le finzioni, le ipocrisie. E, nella vita di Peppino, il circolo Musica e Cultura è stato un momento straordinario che egli stesso, con un po' di rimpianto, ricorderà nei momenti più complicati del successivo impegno politico. Ma anche allora affioravano problemi. Nel programma delle iniziative, Peppino era solito scrivere alcuni commenti nei quali riversava le sue preoccupazioni. Temeva che la bilancia delle attività cominciasse a spostarsi progressivamente verso il ludico, con grave danno alla serietà e alla concretezza dell'impegno politico. Comunque, senza quel circolo, non sarebbe nata Radio Aut.

Un'esperienza che ha reso visibile anche il vostro territorio.

Cinisi con le iniziative di Peppino e del suo gruppo era diventata un punto di riferimento. Questo perché sapeva organizzare e realizzare eventi che non c'erano neppure a Palermo. In quegli anni, almeno a livello giovanile, Cinisi era considerato un paese "rosso", alternativo e al di fuori degli schemi.

Per il mio attivismo e la possibilità di stare vicino a Peppino, considero quel periodo come uno dei più belli della mia vita. Le nostre strade si erano finalmente e momentaneamente intrecciate e mi piaceva contribuire alle iniziative culturali, soprattutto del cineforum.

Mio fratello mi sfotteva dicendo che frequentavo il circolo e contribuivo a organizzare le proiezioni soltanto per la possibilità di incontrare le ragazze. E credo che si riferisse proprio a Felicetta che ho conosciuto ai tempi di Musica e Cultura e che, qualche anno dopo, è diventata mia moglie.

5. Radio Aut

FRANCO VASSIA: *Dalle ceneri di Musica e Cultura, nel 1977, risorse un'altra esaltante esperienza: Radio Aut, un'emittente libera autofinanziata che, idealmente, proseguiva il lavoro nel punto esatto dove era stato interrotto...*

GIOVANNI IMPASTATO: Il periodo della radio è stato esaltante. Debbo dire che è in quel progetto che Peppino ha dato il meglio di sé. Con la radio ha saputo sviluppare ancora di più la sua capacità di analisi e di comunicazione.

Se dovesse esistere una scala di valori, secondo il mio parere, a Radio Aut spetterebbe il primo posto assoluto.

Perché Radio Aut? Era una deformazione fonetica dell'inglese "out" oppure aveva qualche altro significato particolare?

Radio Aut deriva da "autonomia". Peppino in quel periodo era un'anima in pena, non riusciva a stare da nessuna parte, con nessuna forza politica. Lc si era sciolta e lui simpatizzava per Autonomia operaia, almeno nella prima fase, perché successivamente quel movimento è pericolosamente deragliato dalla sua ideologia originaria.

La radio cominciò la sua esistenza contemporaneamente all'ultima fase del circolo Musica e Cultura, un periodo molto particolare per il nostro Paese che, in base a una sentenza del tribunale di Milano, era avviato a grandi passi verso la liberalizzazione delle frequenze.

Peppino è stato tra i primi ad approfittare di quella sentenza e, con l'aiuto di alcuni compagni, ha fondato Radio Aut, una delle prime emittenti libere in Sicilia.

A svolgere un ruolo determinante per la sua nascita è stata certamente Radio Radicale di Palermo che, dopo aver rinnovato le apparecchiature, ci vendette il ripetitore a un prezzo politico. Le piattaforme audio e il “baracchino” facevano invece parte di una vecchia attrezzatura militare comprata per pochi spiccioli in un mercato popolare di Palermo.

Con i radicali di quel tempo si era creato un buon rapporto: era il partito delle battaglie civili, del referendum sul divorzio.

Tra i nostri compagni potevamo contare su Faro Di Maggio, un tecnico elettronico che grazie alla sua esperienza e con l’aiuto di un suo amico ha permesso di iniziare le trasmissioni. Ben presto il gruppo redazionale, cui partecipavano tra gli altri Andrea Bartolotta, Salvo Vitale, Guido Orlando, fu pronto a partire.

L’Italia intera subiva la febbre delle radio libere ma, purtroppo, erano poche quelle che si distinguevano per serietà e intelligenza…

Anche nella nostra zona si parlava molto di radio libere, anche se di veramente libere ce n’erano davvero ben poche.

Radio Aut con i suoi contenuti si scontrava frontalmente con le altre realtà che si dimostravano una vera tragedia: palinsesti che straboccavano di dediche, canzoni per bambini, musica disco sparata a palla. Dal mattino alla sera, non facevano altro che proporre musica orribile e pubblicità demenziale a tutto spiano. Si può affermare che, di fatto, quelle radio hanno aperto la strada alla volgarità televisiva che da qualche decennio ci sommerge.

Per le poche radio veramente alternative, quel momento è stato invece davvero magico.

Rispetto al giornale e al circolo di Musica e Cultura, con la radio potevi lanciare i tuoi messaggi direttamente nelle case degli ascoltatori. Un territorio immenso per la fantasia di Peppino e una piattaforma solidissima per sferrare il suo attacco alla mafia.

La novità assoluta delle sue trasmissioni era infatti l’ironia pungente con la quale sbeffeggiava i mafiosi rendendoli ridicoli, personaggi per vignette satiriche. Una cosa assolutamente nuova e impensabile soltanto fino a pochi mesi prima. Agli occhi e alle orecchie di chi ascoltava i programmi, i mafiosi non avevano più l’aspetto di feroci criminali, ma quello di caricature delle quali potevi e dovevi anche ridere.

Nel mondo pittoresco della radio che Peppino e gli altri avevano saputo creare, Cinisi diventava così Mafiopoli, una colonia del malaffare, il regno dorato del grande capo Tano seduto, ossia Gaetano Badalamenti, sostenuto dall'allora sindaco Gero di Stefano, detto Geronimo Stefanini.

Un lampo di genio irriverente e irridente, condito dal linguaggio provocatorio che avevano mutuato dai film western. Salvo Vitale racconta che una delle più note trasmissioni, il cui titolo era per l'appunto "Western a Mafiopoli", nacque dall'ascolto di una musicassetta di colonne sonore di Ennio Morricone tratte dai film di Sergio Leone. Su quelle musiche Tano seduto, il grande capo, pilotava, con il suo fare violento e minaccioso, la commissione edilizia del Comune di Cinisi con spari di proiettili che tagliavano l'aria della piazza del paese, nella quale Badalamenti si aggirava come uno "sparviero" in attesa della resa dei conti.

A Radio Aut, i mafiosi e i loro complici non venivano chiamati con i loro nomi di battesimo che tanto rispetto avevano fin qui meritato, ma erano ribattezzati con soprannomi, spesso ridicoli, legati al mondo degli indiani pellerossa. Cusumano, per esempio, diventava "Manocusuta", Caldara "Quarara Calante" e Lipari "il Pari d'Inghilterra". Tutti e tre erano i proprietari dello Z10, il villaggio che diventerà una delle più grandi speculazioni denunciate da Peppino. E, per renderli ancora più ridicoli, utilizzavano canzoni a tema che prendevano in prestito dalla sterminata discografia americana e dalla nostra musica leggera.

Ma la cosa più sorprendente era che, con la radio, Peppino riusciva ad amplificare ancora di più la sua esuberanza. Riusciva a legare con le nuove generazioni, le sensibilizzava fino al punto da coinvolgerle totalmente.

Un periodo particolarmente felice per Peppino…

Parlare di un periodo felice diventa persino riduttivo. È stato un momento molto fecondo ed elettrizzante che, nelle ultime fasi, ha anche combaciato con la sua candidatura alle elezioni per il rinnovo del consiglio comunale di Cinisi. La componente più significativa della militanza di Peppino e dei suoi compagni del periodo era la persistenza o, meglio, la *resistenza*. Alcuni dei compagni, dopo aver partecipato al convegno che sancì la fine del movimento, tenutosi a Bologna nel settembre del 1977, realizzarono un reportage fotografico e giornalistico con interviste, documenti, interventi e le dirette radiofoniche dalle cabine pubbliche. Il giorno della riunione-fiume Peppino sparì all'interno del Palazzo dello sport, lì trascorse lunghissime ore. Alla fine ne uscì scoraggiato e senza alcun punto di riferimento, come tanti altri partecipanti.

Il '78, per alcuni, fu l'anno del passaggio alle armi e, per tanti, il momento del ritiro. Eppure, dopo quella sconfitta generale vissuta a Bologna, a Cinisi, paradossalmente, non arrivò il riflusso, ma cominciò la fase più decisa e nello stesso tempo più dura di quel percorso politico. Quella radio era come la tolda di una nave: da lì tracciavi la tua linea etica e politica, potevi sfottere le emittenti che si erano vendute al consumismo, ma, soprattutto, potevi irradiare la musica migliore di quegli anni.

Come si svolgeva la giornata alla radio?

La radio era diventata una piccola comune, un via vai continuo. La maggior parte delle persone che arrivavano erano attratte non soltanto dalla novità ma soprattutto dalla musica, anche da quella classica. I programmi seguivano delle scalette e trasmettevano quanto di meglio c'era in giro. Dopo aver fatto ascoltare un brano, alcuni compagni ne approfondivano il significato in modo a volte fin troppo analitico. Si partiva con una traccia, poi si proseguiva con l'improvvisazione e il commento spontaneo.

I notiziari venivano costruiti dopo la lettura di alcuni giornali. Così, mentre le notizie locali provenivano direttamente dal "Giornale di Sicilia", le analisi politiche avevano più di un comun denominatore che, in genere, erano "Lotta continua", "l'Unità" e il "Corriere della Sera".

Il notiziario iniziava con le notizie internazionali, quindi si passava a quelle nazionali per arrivare, infine, alle locali, quelle che più ci interessavano, su paesi come Cinisi e Terrasini che, pur nel loro piccolo, rappresentavano la trave portante.

Tra gli altri programmi, c'era anche una rubrica di denuncia, molto seguita, che cercava di amplificare tutte quelle notizie che venivano taciute da una stampa complice, come le repressioni della polizia contro gli studenti e le morti, tantissime, sul lavoro.

A parlare dai microfoni di Radio Aut, tra l'altro, arrivavano anche i pescatori di Terrasini, con testimonianze sui problemi dell'organizzazione del porto, gli hippy della comune e una serie di realtà dal basso che altrimenti sarebbero rimaste mute, senza alcuna possibilità di raccontarsi.

Con la comune stabilitasi a Terrasini, sorsero presto dei contrasti piuttosto profondi. Questo un po' per l'ambiguità di Carlo Silvestri, l'animatore principale del gruppo, e un po' perché Peppino, piuttosto che dedicarsi esclusivamente alla rivoluzione sessuale, preferiva dare priorità a problematiche maggiormente legate al territorio, come la lotta contro le collusioni politico-mafiose, o altre che riteneva più urgenti.

I contrasti scoppiati fra i compagni dell'area più freak e quelli che ne volevano prendere le distanze non si fecero aspettare e, per qualche tempo, modificarono anche gli equilibri redazionali della radio. Peppino, con pochi altri, arrivò perfino ad occuparla, allontanando coloro che pensava avessero tralasciato l'attività per partecipare alle prove di una replica della rappresentazione di strada sul massacro nucleare.

Le incomprensioni, comunque, rientrarono e dopo qualche tempo le cose si ristabilirono.

La funzione maggiore, almeno a livello politico, la radio l'ha avuta con l'attacco al potere mafioso e al suo capo Gaetano Badalamenti…

Radio Aut, almeno inizialmente, non faceva la guerra alla mafia dalla mattina alla sera. La denuncia degli intrallazzi mafiosi, naturalmente, non poteva mancare, anzi! Era il perno intorno al quale venivano ideate le puntate della trasmissione più nota, quella che aveva il massimo indice di ascolto: Onda pazza.

Le voci di Peppino, di Salvo Vitale e di Faro Di Maggio, di Silvana Faletra, si inseguivano in battute e dialoghi surreali e sarcastici, utilizzando una lucida e sprezzante satira, un'arma comunicativa dalle forti potenzialità fino ad allora mai usata contro la mafia. Con Onda pazza erano riusciti a far ridere tutto il paese alle spalle dei boss e dei picciotti il che, per una regione come la Sicilia, non è affatto una cosa di poco conto.

La radio, con quella trasmissione, è diventata ancora più incisiva ma anche molto pericolosa: un vero campanello d'allarme per la cosca del paese. La mafia era messa alla berlina, assieme a coloro che l'affiancavano e ne erano complici.

Ma, per molti, Peppino continuava a essere un povero pazzo, uno che non aveva niente da fare. È stata Radio Aut che, invece, ne ha rafforzato la posizione. I mafiosi hanno cominciato a spazientirsi, perché hanno capito che faceva sul serio e che le sue accuse cominciavano a fare presa nel territorio.

6. Le battaglie ecologiche

FRANCO VASSIA: *Nonostante le innumerevoli iniziative che lo impegnavano sia nel giornale, nel circolo che in radio, Peppino non ha però mai dimenticato di essere in prima linea nelle lotte per la difesa del territorio...*

GIOVANNI IMPASTATO: Peppino era un uomo libero. Anzi: un siciliano libero, che è una cosa ancora diversa.

In Sicilia sono pochi gli uomini veramente liberi perché in molti hanno ceduto al ricatto della necessità oppure perché hanno semplicemente paura e cercano di non farsi coinvolgere e tanto meno di esporsi.

Con le sue battaglie ecologiste, Peppino aveva anticipato i tempi e proprio nella mafia aveva individuato il nemico principale, colpevole del saccheggio e della distruzione del territorio.

Per questo, nello stile dei vecchi cantastorie che cercavano di rendere più fruibili i loro racconti nelle piazze con il cartellone con i disegni, organizzava con altri compagni mostre fotografiche e altre iniziative per denunciare e documentare la speculazione edilizia e il saccheggio del territorio.

Con un gruppo di compagni muniti di macchine fotografiche, organizzava dei veri e propri reportage, raccogliendo immagini sulle costruzioni abusive, l'autostrada con curve a gomito per non intaccare proprietà appartenenti a familiari di mafiosi o a loro prestanomi, le cave dei mafiosi. Scrivevano testi e didascalie per descrivere le varie speculazioni e denunciare personaggi e formazioni politiche compiacenti, facevano dei cartelloni che fissavano su pannelli di polistirolo o di legno leggerissimo, per facilitare il trasporto. Nasceva così la mostra itinerante su "Mafia e territorio", a cui più di una volta hanno negato l'autorizzazione.

Visto che non potevano appoggiare i pannelli al suolo, Peppino con i suoi compagni trovarono una soluzione: si trasformarono in uomini-sandwich e li portarono in giro per il paese senza mai poggiarli a terra. Al massimo, quando dovevano riposarsi o fermarsi per farli vedere, li posavano sul collo del piede.

Peppino ha poi condotto la battaglia per l'acqua: un bene insostituibile non solo per quei tempi ma che oggi, sia per la sua scarsità, la siccità e la politica di privatizzazione, sembra avere il domani segnato. Un disastro che pregiudicherebbe l'intera vita del pianeta.

Peppino l'aveva capito fin da allora, quando in Sicilia l'acqua arrivava nelle case un paio di volte alla settimana e, il più delle volte, era fornita da privati più o meno legati alla mafia.

Per questo aveva organizzato una serie di iniziative che lo avevano portato a scontrarsi con le forze dell'ordine, con gli amministratori comunali e con i gestori dei pozzi.

In quel periodo aveva anche partecipato alla realizzazione di un grande murales sul tema della Palestina. Dopo aver trovato il posto adatto, erano riusciti a ottenere dal proprietario il permesso per iniziare i lavori. Il caseggiato, bianchissimo e molto visibile, era perfetto sotto ogni punto di vista e si apprestava a diventare un nuovo punto di riferimento.

Terminati i lavori, ecco la sgradita sorpresa: mortificato, il proprietario chiese di cancellare il murales. Il "consiglio disinteressato" di alcuni amici era troppo pesante e, per vivere in pace, doveva essere esaudito.

Tra le lotte di Peppino voglio ricordare quelle in difesa dei contadini. Dopo la strage di Avola, Peppino realizzò alcune scritte murali e, con alcuni compagni, tappezzò i muri di Cinisi di manifesti che denunciavano la strage: durante uno sciopero le forze dell'ordine uccisero due braccianti e ferirono gravemente cinque persone. Le reazioni suscitate dalla strage riuscirono ad abbattere le gabbie salariali che condannavano i lavoratori meridionali a salari più bassi di quelli che avevano gli altri lavoratori.

C'è stata poi la "battaglia delle cave", culminata con la chiusura del cantiere nelle montagne che si stagliano alle spalle Cinisi...

Peppino detestava le cave perché distruggevano la natura e la bellezza delle montagne.

Una delle prime lotte si è consumata a Terrasini, in una località risultata poi essere di proprietà di alcuni mafiosi. Un'altra battaglia è stata quella contro la cava di Finazzo, il noto "don Peppino Percialino", luogotenente di Badalamenti, che Peppino ha più volte accusato di essere uno dei responsabili dei saccheggi del territorio. Peppino denunciava questi fatti non soltanto da Onda pazza, ma con la distribuzione di centinaia di volantini.

Qualche cava è stata chiusa, per esempio quella di Terrasini, ma altre sono ancora aperte.

E poi, c'è stata la realizzazione del famoso villaggio turistico Z10...

Qualche tempo prima di essere ucciso, Peppino aveva diffuso notizie riguardanti alcune vicende che rivelavano intrecci tra gli interessi mafiosi e la classe politica. Alla radio rivelò gli accordi sottobanco che si nascondevano dietro il progetto Z10, un villaggio turistico con porticciolo che doveva sorgere in una fascia costiera, cioè in terreno demaniale. Una zona bellissima, con calette e scogli affacciati su un mare cristallino, immolata agli interessi della speculazione, che sottraeva ai cittadini di Cinisi un lungo tratto di costa per l'accesso diretto al mare. Si parlava di un contributo della Cassa del Mezzogiorno per sei miliardi di lire che, in seguito alle polemiche suscitate dalle denunce di Peppino e dei suoi compagni, è stato bloccato.

Dietro a questo ennesimo progetto di "crimine ambientale", si celavano gli interessi di un personaggio piuttosto discusso, Pino Lipari, un nostro parente acquisito, che Peppino aveva più volte indicato come il "Consigliori" di Cosa nostra. Ci sono voluti vent'anni perché la sua accusa venisse confermata.

Lipari è stato condannato come il curatore d'affari di personaggi come Gaetano Badalamenti, Salvatore Riina e Bernardo Provenzano. Questo è stato un fatto storico per Cinisi, uno dei più gravi.

Il villaggio, però, è stato regolarmente costruito...

Con licenza rilasciata dal Comune di Cinisi.

Ma questo non era il solo caso a preoccupare Peppino: fra le tante ferite che deturpavano la nostra zona c'era anche un altro progetto, quello per la costruzione di un palazzo di cinque piani in netto contrasto con il vincolo aeroportuale del territorio, dal solito Giuseppe Finazzo. Peppino, con una serie di pubbliche denunce, riuscì a bloccarne la realizzazione.

Tutto questo mentre, come le stelle di Cronin, il Comune di Cinisi stava a guardare…

Non stava solo a guardare. Peppino parlava di collusioni, anche per responsabilità della sinistra. Cinisi ha dato vita a un "compromesso storico" *ante litteram.* Il vicesindaco dell'epoca era Franco Maniaci, del Partito comunista, che aveva accettato di entrare a far parte di una maggioranza che contava ben dieci amministratori democristiani. Una posizione di inevitabile subalternità. Per un certo periodo anche l'assessore ai Lavori Pubblici era legato al Pci.

Per Peppino erano proprio gli amministratori di sinistra che dovevano essere richiamati a precise responsabilità politiche e sociali, decidere se stare con la mafia e con la Democrazia cristiana o combatterle.

Peppino, successivamente, assieme ad alcuni compagni deciderà di candidarsi con Democrazia proletaria per le elezioni amministrative. Il suo progetto era chiaro: affrontare i mafiosi e gli speculatori anche sul terreno istituzionale.

Peppino era diventato talmente scomodo da dover essere eliminato. Fino ad allora, però, erano stati pochi i casi di omicidi cosiddetti "eclatanti"…

Peppino è stato ucciso il 9 maggio 1978 e per risalire ai delitti precedenti è necessario andare alla morte del colonnello Giuseppe Russo del 20 agosto 1977 e, prima ancora, a quelle del procuratore Pietro Scaglione del 5 maggio 1971 e del giornalista Mauro De Mauro del 16 settembre 1970, rapito e mai più ritrovato. Ma più che a questi personaggi la morte di Peppino va collegata con gli omicidi dei dirigenti delle lotte contadine e dei partiti di sinistra impegnati nella lotta contro la mafia.

Perché Peppino?

Perché lui può essere considerato l'erede del grande movimento contadino del secondo dopoguerra e il pioniere di una nuova fase di lotta combattuta con metodi anticonformisti.

E poi perché era un peso intollerabile anche dal punto di vista politico, tanto da essere isolato anche dalle forze che avrebbero dovuto sostenerlo. Il riferimento al Pci mi sembra chiaro.

7. Il cerchio si chiude

FRANCO VASSIA: *Il potere mafioso, benché ne avesse le possibilità, ha tuttavia lasciato in precedenza un raggio di azione piuttosto ampio a tuo fratello.*

Un atteggiamento quasi di riguardo, dovuto senz'altro al grado di parentela e di sangue che legava tuo padre all'organizzazione.

La mafia, forse per la prima volta nella sua storia, ha ingoiato e subito azioni e provocazioni quasi senza batter ciglio.

Le cose sono invece cambiate quando Peppino, oltre alle sue scorribande a tutela delle battaglie civili, ha cercato con la radio di ridicolizzare la mafia.

Cosa nostra, più ancora dell'intransigenza della sua ribellione, temeva soprattutto di perdere la faccia. "Una risata vi seppellirà" era anche uno degli slogan del '68. Credi che sia partita da qui la sua condanna a morte?

GIOVANNI IMPASTATO: Peppino è stato ucciso per tutta la sua attività, ma gli attacchi sferrati dalla radio hanno certamente influito, questo senza ombra di dubbio. Sono stati la goccia che ha fatto traboccare il vaso. Nessuno, almeno fino ad allora, aveva avuto un tale intuito. Mio fratello, per primo, aveva capito che i siciliani, tutti i siciliani, potevano abbandonare una cultura secolare e convincersi che i mafiosi non sono altro che uomini dediti ai loro sporchi affari.

La distruzione sistematica dell'immagine fasulla che li dipingeva come uomini d'onore, depositari di un potere invincibile, aveva prodotto qualche effetto nella nostra piccola realtà paesana.

La trasmissione Onda pazza, irradiata da Radio Aut, andava a intaccare quel prestigio che i mafiosi si erano costruiti in tutta la loro vita. Quella trasmissione minava la loro rispettabilità e la loro onorabilità e li relegava nei ranghi di figure caricaturali buone per l'avanspettacolo.

Quand'è cambiata la loro strategia?

Cinisi, in quel periodo, anche se in superficie rimaneva un semplice e anonimo paesino, è diventata una città dorata. Dico questo perché sono stati quelli gli anni della diffusione del traffico di droga e di sistemazione di tutti gli apparati economici e sociali che ruotavano intorno ad esso.

Nelle campagne, come funghi, spuntavano raffinerie di eroina nelle vicinanze dell'aeroporto che imbarcava l'eroina verso gli Stati Uniti. Cinisi è diventata un distretto fondamentale per la produzione e la commercializzazione dell'eroina, come ha rivelato il processo a Badalamenti e ad altri mafiosi, denominato "Pizza Connection". Anche la relazione della Commissione parlamentare antimafia sul "caso Impastato", di cui parleremo dopo, documenta questo ruolo internazionale della zona di Cinisi nel traffico di droga di quegli anni. A quel traffico partecipavano anche diversi compaesani che facevano i corrieri della droga. Poi, con i ricavati, si costruivano ville o acquistavano proprietà. In molti, a Cinisi, si sono fatti una posizione in questo modo. La cappa di omertà e di compiacenza si è mantenuta salda nel tempo perché serviva a coprire quell'affare miliardario. Allora a rompere quel clima c'erano solo Peppino e i suoi compagni: un bersaglio facilmente individuabile.

La provocazione del giornale, l'apertura della radio, i comizi, i comunicati e decine e decine di volantini urticanti come schiaffi e abrasivi come carta vetrata.

Come quello in cui definiva il suo grande nemico, Gaetano Badalamenti, il boss incontrastato dell'epoca e amico di vostro padre, "Viso pallido esperto in lupara e traffico di eroina"...

Nel marzo del '77, quando venne distribuito quel volantino che, tra l'altro, riguardava proprio la costruzione del palazzo a cinque piani, successe il finimondo.

Badalamenti e i suoi uomini avevano capito troppo tardi che Peppino non era un ragazzino spregiudicato che scherzava col fuoco o un ribelle spinto esclusivamente dalla foga e dal suo entusiasmo giovanile. Avevano finalmente capito che le sue battaglie stavano producendo qualcosa di nuovo, di concreto e di estremamente efficace. Qualcosa di dirompente.

Mio fratello non solo era riuscito a scoprire, a denunciare e a bloccare una serie di progetti illegali ma, adesso, diventava pericoloso anche dal punto di vista politico.

Con molta amarezza, posso dire che la sua morte ha reso felici molte persone, non soltanto quelle legate a doppio filo alla mafia, ma anche altre vicinissime a figure politiche di primo livello.

Dopo la distribuzione di quel volantino, vostro padre fu "invitato" a far visita a don Tano. Quale fu la sua reazione?

Il volantino finì nelle mani dei mafiosi che, immediatamente, lo portarono a Badalamenti. La mossa successiva fu quella di convocare mio padre. Credo per la prima volta e in modo esplicito, gli ordinarono di richiamare quel figlio così irriverente, di domarne gli impeti anche con la forza perché, altrimenti, avrebbero pensato loro a provvedere.

Mia madre ha raccontato tutto questo nel libro *La mafia in casa mia*, la storia di vita raccolta da Anna Puglisi e Umberto Santino: la visita del vice di Badalamenti, Vito Palazzolo, che le dice di riferire a mio padre che Badalamenti vuole vederlo, l'incontro con Badalamenti, la scenata in casa al ritorno da quell'incontro, l'annuncio del viaggio senza precisare dove.

Evidentemente il colloquio con Badalamenti turbò moltissimo nostro padre che, forse per la prima volta nella sua vita, vedeva crollare il suo castello di carte che pazientemente aveva cercato di costruire. Credo sia stato lì che la sua figura di padre ha preso il sopravvento e lo ha spinto ad andare negli Stati Uniti per avere, per suo figlio, almeno un minimo di protezione.

In quel momento, il problema più immediato era quello di prendere tempo, di far slittare il più lontano possibile una sentenza di morte ormai annunciata.

Una volta in America, nostro padre incontrò i parenti, gli amici di suo fratello Giuseppe, soprattutto, i suoi familiari mafiosi emigrati a

New Orleans. Personaggi che avevano una certa rilevanza nelle gerarchie dell'organizzazione. Pensa che un prozio di mio padre è stato tra i fondatori della Mano Nera, la potente mafia siculo-americana.

Cosa sia successo esattamente in quel frangente nessuno può dirlo ma, negli atti del processo, c'è una frase che sembra preannunciare il dramma imminente. Una nostra cugina americana gli chiese se fosse preoccupato per quello che poteva succedere a Peppino. E mio padre rispose: "Prima di uccidere Peppino, devono uccidere me". La testimonianza di questa cugina è stata la chiave per la condanna di Gaetano Badalamenti e del suo vice, Palazzolo.

Per il suo ritorno in Sicilia, gli "amici" americani gli affidarono un dono da consegnare a Badalamenti: era una cravatta, un regalo apparentemente insignificante ma che, per un mafioso, conteneva un messaggio neanche troppo velato: "Se non eseguirai i nostri ordini morirai soffocato da questa stessa cravatta". Una minaccia che non turbò affatto Gaetano Badalamenti.

La sua figura oltrepassava i confini nazionali e arrivava negli Stati Uniti ingigantita da un potere senza limiti: quel che decideva don Tano era legge e neppure si poteva discutere.

E a peggiorare le cose, aveva contribuito anche il comportamento di nostro padre che, con il suo viaggio americano, aveva disobbedito alle regole. Regole scritte col sangue e certificate da un crudele codice d'onore: regole che, nel caso di loro gravi deviazioni, contemplano anche l'uccisione dei propri familiari. A mio avviso il viaggio di mio padre negli Stati Uniti è stata una forma di ribellione agli ordini di Badalamenti e degli altri mafiosi.

Quanti anni dovranno ancora passare prima che i siciliani si rendano conto della bassezza morale, della bestiale crudeltà della mafia? Se il crimine è di per sé ingiustificabile e orrendo, cosa pensare di un'organizzazione che non esita a sollecitare l'eliminazione degli stessi componenti della propria famiglia?

Sono regole brutali, inconcepibili per delle persone normali ma non per la mafia. Per il suo codice d'onore i padri hanno licenza, anzi il dovere, qualora fosse necessario, di uccidere i propri figli, i figli i propri padri e i fratelli di uccidersi fra loro.

Regole che arrivano da molto lontano: se il componente di una famiglia mafiosa commette un errore, devono essere gli stessi parenti, quelli che hanno i legami di sangue più stretti, a occuparsi della sua punizione. Se non ne hanno il coraggio, sono costretti a dare la delega all'organizzazione e a garantire comunque il proprio assenso.

In questo caso, per la mafia, Luigi Impastato doveva uccidere il proprio figlio o, al limite, dare almeno il suo consenso. Per nessuna ragione gli era permesso di salvarlo. Avrebbe pagato questa irriverenza con la sua stessa vita, come nel caso di qualsiasi altro grave "sgarro".

Mia madre ricordava come una volta avesse sentito Masi Impastato, cugino mafioso del marito, fuori dalla porta di casa, dire a Luigi: "Si fussi figghiu meu, ci facissi un fossu e ci u vruricassi" (se fosse mio figlio farei un fosso e lo seppellirei). Anche un altro nostro zio mafioso, Giuseppe, detto "Sputafuoco", non nascondeva questi atteggiamenti e convinzioni disumani.

Con il suo viaggio negli Stati Uniti e il tentativo di coinvolgere il potere mafioso americano, nostro padre si era comunque messo al di fuori da quel codice, aveva abusato della loro fiducia e infranto le regole. È per questo che è stato eliminato.

Almeno dai documenti, vostro padre risulta però "morto per incidente stradale"...

La notte del 19 settembre del 1977 nostro padre fu travolto da un'auto guidata da una donna. Questa è la versione ufficiale, ma molti particolari di quell'"incidente" non sono mai stati chiariti. La persona che lo ha investito, che noi né abbiamo visto sul posto né incontrato dopo, avrebbe dichiarato: "Mi è sembrato che fosse caduto un pacco sulla macchina".

Io ricordo che prima della chiusura della pizzeria mio padre ha avuto un diverbio con un paio di clienti e sono intervenuto per mettere pace e lui si era incavolato con me. Poi aveva deciso di andare in paese da solo, senza attendere qualcuno che gli desse un passaggio in macchina. Aveva detto: "Nel caso mi prendete lungo il percorso". Mio cugino, con cui gestivamo il negozio e la pizzeria, è andato in macchina per cercare mio padre e dargli un passaggio, ma non lo ha incontrato. A un certo punto un cliente viene a dire che c'era stato un incidente automobilistico e chiede di telefonare per un'ambulanza. Io e mio cugino ci siamo preoccupati, abbiamo chiuso la pizzeria, siamo accorsi sul posto e sulla strada, accanto alla pompa di benzina, abbiamo trovato mio padre morto.

Mia madre e la mia fidanzata Felicetta erano andate via prima di noi, in macchina, e durante il percorso non hanno trovato nulla. Arrivate in paese, dopo un po' sono tornate indietro e hanno trovato il corpo di mio padre già morto, steso sull'asfalto, coperto da un telo. Felicetta ricorda che Peppino, accorso sul posto, scoprendo il corpo del padre, ha detto: "Ti hanno ammazzato".

Oggi, dopo tutti questi anni, penso che quell'incidente stradale sia stato una messa in scena, la prima prova di una montatura che sarebbe poi continuata con l'assassinio di Peppino, camuffata da suicidio compiendo un atto terroristico.

Quel che è certo che a parte la donna che guidava l'auto, e che dopo qualche tempo è stata rintracciata, per la morte di mio padre non c'è nessun testimone. Non c'è stata l'autopsia, allora non l'abbiamo chiesta. Una serie di leggerezze, di omissioni e circostanze oscure che ci inducono a pensare più a un delitto che a un incidente.

Ricordo che durante la veglia funebre, rivolgendomi a mio zio "Sputafuoco" gli ho detto che la sua presenza mi pareva una beffa e che i responsabili della morte di mio padre erano lui e gli altri mafiosi. Peppino è intervenuto in modo ancora più forte, urlando: "Come avete il coraggio di stare qui? Proprio voi che l'avete ammazzato!".

Nostro padre, però, non è morto quella sera. È morto nel momento in cui aveva deciso di salvare suo figlio. Rifiutando il suo ruolo, era tornato a essere una persona umana. Non era più il mafioso soggiogato dalla Cupola: era tornato a essere esclusivamente un padre di famiglia. Un uomo che, almeno alla fine della sua vita, ha saputo riscattare se stesso e redimersi con un gesto di grande coraggio come fu il suo viaggio negli Stati Uniti: il gesto d'amore di un padre per il figlio che a mio avviso significava non soltanto una presa di coscienza ma anche la resurrezione dal suo passato.

Se questa era la sua scelta, perché allora non si era confidato con Peppino? In fin dei conti, il disegno della mafia era abbastanza chiaro: una condanna a morte per entrambi. Non era forse il caso di avvertire anche tuo fratello?

Credo che non sia riuscito ad avvisarlo per una pura questione di tempo: le cose e i fatti avevano infatti subito una violenta accelerazione.

Nonostante ci fosse stato il tentativo di un riavvicinamento, nostro padre e Peppino erano comunque due persone agli antipodi e, pertanto, continuavano a parlarsi e a vedersi con estrema difficoltà. Non esisteva la minima possibilità di dialogo tra loro.

Mio fratello, proprio perché era una persona molto lucida e attenta, sapeva di correre gravi rischi. Dopo la morte di mio padre, nostra madre e io non facevamo altro che consigliarlo quasi quotidianamente di stare attento, che sarebbe potuto succedergli qualcosa di irreparabile. Nostra madre gli consigliò di prendersi una pistola. Gli diceva che, nel caso di un'aggressione, almeno avrebbe potuto rispondere, lasciare un segno. Lui aveva rifiutato categoricamente quell'idea. Diceva che avrebbero potuto ammazzarlo quando e dove volevano e che sarebbe stato inutile avere un'arma.

Non pensi che, forse in modo inconscio o perché certi di avere ormai il destino segnato, tuo padre e Peppino abbiano accettato quasi passivamente il loro destino di vittime sacrificali?

Questo non te lo saprei dire. Davvero non saprei. Anche se alcuni fatti e tanti ricordi mi fanno pensare il contrario.

Per Peppino, nostro padre era una protezione, una sorta di polizza sulla vita. Però, d'altronde è anche vero che non esisteva alcun accordo con la mafia che ne garantisse incondizionatamente la sicurezza. Tutti noi eravamo convinti che la figura di nostro padre, l'immagine di un mafioso nel contesto della sua famiglia, impedisse in qualche modo l'uccisione di Peppino. O così almeno pensavamo…

Per Peppino le cose erano invece alquanto diverse: lui era quanto di più lontano potesse esistere da una mentalità mafiosa. Ne rifiutava i meccanismi, non riusciva ad accettarne nemmeno l'esistenza. Lo dimostra il suo impegno che, dopo la morte di nostro padre, è aumentato.

Ricordo che, dopo il funerale di nostro padre, abbiamo avuto uno scontro piuttosto acceso. L'avevo consigliato di smetterla, di lasciar perdere la sua guerra, specialmente in quel momento che non c'era più nessuno a proteggerlo.

Lui, riflesso nelle mie parole, vedeva drammaticamente materializzato un dubbio del quale era a conoscenza ma che, testardamente, si era rifiutato fino ad allora di vedere.

Il suo sguardo smarrito, mi spinse ancora a dirgli: "Peppino, devi credermi: è proprio così. Lo dico per proteggerti: nostro padre è andato dai mafiosi rassicurandoli di averti mandato via di casa, di aver preso le distanze da te. Loro, per una forma di rispetto nei suoi confronti non hanno agito, ti hanno lasciato fare. Ora però non è più così. Adesso che lui è morto non abbiamo più alcuna garanzia".

Peppino, dopo aver raccolto tutta la sua rabbia, ha replicato: "Io non ho nessuna intenzione di smettere, perché nessuno deve pensare che sono un vigliacco! Nessuno deve poter dire che ho lottato finora perché c'era mio padre vivo. Devo continuare sulla mia strada, non posso rinunciare al mio impegno".

Dopo averlo calmato, ho cercato di farlo ragionare: "Non sto dicendo che sei un vigliacco, sto solo cercando di farti capire che adesso sei in pericolo".

Cercavo di distrarlo coinvolgendolo nelle questioni di gestione lavorativa e finanziaria scaturite dal vuoto lasciato da mio padre. Ma lui diceva che queste cose non gli interessavano, che dovevo occuparmene io, perché lui aveva altre cose da fare.

Così come aveva fatto per tutta la vita, Peppino ha mantenuto la sua linea morale, dura e intransigente, anche in occasione dei funerali di nostro padre.

Una linea che si è ancor più evidenziata quando non ha esitato a sfidare i mafiosi…

Non potrò mai dimenticare quella scena, neanche se vivessi cent'anni. Il funerale era terminato da poco e, con nostra madre, stavamo ringraziando i parenti e gli amici che erano intervenuti per portare l'ultimo saluto a nostro padre.

Quando, all'improvviso, si sono materializzati loro: i mafiosi. In quel gruppo, mancava soltanto Gaetano Badalamenti.

Cercavano la mano di nostra madre per stringerla e porgerle le loro condoglianze. Per evitare quel saluto, Peppino, in modo ostentato e provocatorio, si frappose fra loro e noi, con le braccia nascoste dietro la schiena, rifiutandosi di stringere loro la mano.

Mentre lo guardavo, capivo che quel gesto, e questa volta in modo definitivo, aveva una valenza fondamentale: quella di rompere l'appartenenza della mia famiglia con la mafia.

Ma, nel contempo, mi rendevo anche conto di non avere il suo stesso coraggio, la sua determinazione.

Dopo aver accettato le condoglianze dei mafiosi, ricordo di aver provato un dolore straziante. Capivo che quel mio saluto avrebbe contribuito a isolarlo e ne soffrivo. Non so dire se fosse una resa incondizionata o l'illusione di poter avere un'ultima protezione: il fatto è che non avevo e non avrei mai avuto la sua forza.

La stessa cosa fece mia madre che, forse, aveva fatto le stesse considerazioni.

Trattenevo il pianto perché mi rendevo conto che quei nostri saluti avrebbero lasciato Peppino solo e indifeso. Ero terrorizzato, immobilizzato dalla paura e non potevo neanche trasmettergli il benché minimo cenno di solidarietà.

Il gesto di Peppino è stato uno schiaffo pesantissimo sul volto dei mafiosi: un'offesa gravissima che, solo a pensarci, mi provoca ancora oggi brividi di paura.

Non basterà tutta la mia vita per dimenticare quel momento e rimarginare quella ferita che, nonostante gli anni, continua a provocarmi sofferenza. Una ferita profondissima resa ancora più pungente dal mio senso di colpa.

E pensare che, soltanto la sera prima, durante la veglia funebre, ero stato proprio io ad attaccare il fratello di nostro padre, Sputafuoco, accusandolo insieme ai suoi compari di essere i responsabili di quella morte.

Peppino, che con alcuni compagni era appoggiato allo stipite della porta, appena mi sentì urlare corse in mio aiuto. Io non ne ero stato capace.

Peppino era un generoso: se neppure dopo la morte di vostro padre è tornato a casa, forse lo ha fatto per non creare pericoli né a te né a tua madre…

È probabile, ma anche perché, nel frattempo, era morto Leonardo Vitale, il marito di nostra zia Fara. Peppino, anche se veniva spesso a pranzo e a cena, è rimasto a vivere con lei, forse per non lasciarla sola.

Dopo quel lutto, come ha proseguito la sua lotta politica?

Una delle sue ultime iniziative è stata la partecipazione alle elezioni amministrative di Cinisi, quando si è candidato con Democrazia proletaria. In quel periodo Peppino non aveva un istante libero, né un momento di respiro: la sua giornata, tra volantini e comizi, era dedicata quasi interamente alla campagna elettorale e, in più, continuava le sue trasmissioni a Radio Aut.

Neppure io, impegnato con il lavoro, riuscivo più a vederlo.

8. Amori

FRANCO VASSIA: *Nella vita di Peppino non c'è mai stata una donna al suo fianco, un amore che ne esaltasse la figura e la passione?*

GIOVANNI IMPASTATO: Sembrerà strano ma con Peppino non ne abbiamo mai parlato. E non credo sia stato per questione di età. Lui era molto riservato. Ma anch'io non parlavo con lui dei miei innamoramenti.

Peppino si è confessato in una breve autobiografia, che è stata pubblicata integralmente nelle ultime edizioni del libro che raccoglie i suoi scritti, *Lunga è la notte*, pubblicato dal Centro Impastato. Lui parla di innamoramenti per due giovani compagni e per una ragazza. Di lei scrive: "Mi innamorai follemente di una ragazza, ma riuscii a costruire soltanto un rapporto lunghissimo e schizofrenico, kafkiano addirittura. Il risultato: ne uscii con le ossa rotte e ancora più incapace di rapporti con il mondo esterno". Nella sua autobiografia Peppino dice che il rapporto con il padre "è riuscito soltanto a tagliarmi ogni canale di comunicazione affettiva ed a compromettere definitivamente ogni possibilità di espressione lineare della mia soggettività". Per lui è stato un trauma che ha pesato per tutto il resto della vita.

Anche le sue poesie, pubblicate dopo la sua morte sempre in quel libro, sono delle confessioni. Una è dedicata ad Anna, il cui nome ha dato origine all' acronimo "Amore Non Ne Avremo". Penso che abbia sofferto molto per quell'esperienza. Ma non ho ricordi su queste sue vicende. Io e lui non ne abbiamo parlato. Ma anche con i compagni che, quasi più di me, vivevano con lui quotidianamente quell'ultimo periodo, non ne abbiamo parlato. Qualcuno mi ha raccontato che, negli ultimi mesi, frequentava una donna che spesso lo andava a trovare in radio. Ma, in tutto questo tempo, non sono riuscito a identificarla.

Dalle parole che scrive Peppino, possiamo capire come avesse difficoltà nell'esprimere la sua affettività. Alcune compagne ricordano come avessero un rapporto bellissimo con lui, di come si potessero fidare dei suoi consigli, di come fossero sicure della sua sincerità che non nascondeva secondi fini. Riusciva a metterle a proprio agio nella conversazione e ad avere uno scambio realmente paritario che dava luce a una forte comprensione. Però parlano soltanto di rapporti di amicizia.

Mi viene da pensare che per veicolare tutta l'energia vitale verso un fine a lui più caro e più congeniale, abbia utilizzato un solo canale: quello dell'impegno politico.

9. Il 9 maggio

FRANCO VASSIA: *Qual è l'ultimo ricordo che hai di Peppino?*

GIOVANNI IMPASTATO: Qualche giorno prima del suo assassinio, era venuto a casa nostra, per un saluto veloce. È stata quella l'ultima volta che l'ho visto.

E anche quella volta, con l'intento di distrarlo da altre mete, avevo cercato di coinvolgerlo nell'attività commerciale che avevamo ereditato da nostro padre: "Peppino, cerchiamo di organizzarci: non possiamo buttare tutto all'aria. Abbiamo un negozio da mandare avanti…".

Mi rispose freddamente: "Io ho altro da fare, non me ne voglio occupare. Pensaci tu. Ci sono le elezioni e questa, per me, è una fase decisiva".

Ho provato a insistere, ma inutilmente.

Intanto, a Cinisi, la campagna elettorale era in pieno fermento. Peppino aveva tenuto una serie di comizi che avevano visto una grande partecipazione di pubblico, in cui aveva disegnato un quadro di connivenze davvero preoccupante, di vera urgenza democratica, denunciando le collusioni politico-mafiose del territorio.

Tra l'altro, nei primi giorni di maggio, un dirigente del Pci di Palermo aveva tenuto nella piazza principale del paese un comizio ma senza toccare minimamente i politici locali collusi. Con decisione, si era schierato contro il gruppo di mio fratello e dei suoi compagni, definendoli straccioni con cui il partito non aveva nulla a che fare. Quella lista con il simbolo di Democrazia proletaria era un problema per tutte le formazioni che, con la torta già divisa in fette, si erano presentate alle elezioni. In quel sistema quella lista era l'unica vera opposizione. Tutti gli altri sembravano non sottrarsi a certe logiche o, al massimo, rimanevano silenti, accettando le speculazioni degli "amici degli amici". Peppino e gli altri furono ancora di più isolati, con la terra bruciata attorno, come sotto mira in un deserto…

Una campagna destinata, la notte tra l'8 e il 9 maggio, a perdere il suo protagonista…

Peppino era certo il compagno più noto e più combattivo, ma voglio ricordare che nelle liste della Nuova sinistra i candidati erano in ordine alfabetico e Peppino era il numero sei.

Qualche giorno prima Peppino aveva rilasciato una lunga intervista a Radio Terrasini Centrale, una radio commerciale locale. Com'era solito fare, Peppino non aveva esitato a far diventare quell'intervista una polveriera. Aveva sfruttato anche quell'occasione per attaccare le connivenze più vistose che legavano i politici locali con la mafia. Accuse che avevano messo in imbarazzo i responsabili di quell'emittente. Per questo dopo l'intervista, insieme ad alcuni compagni, si era precipitato a Radio Aut, per riascoltare il suo intervento.

Radio Terrasini Centrale lo aveva censurato. Ogni volta che pronunciava la parola "mafia" o il nome di qualche mafioso, aveva messo un bip.

Arrabbiato e visibilmente contrariato, verso le otto di sera salutò i compagni dicendo loro che andava a mangiare qualcosa e che sarebbe tornato in radio soltanto dopo cena, intorno alle nove.

Lo stesso aveva comunicato a noi che, a casa, lo stavamo aspettando a tavola assieme a una cugina americana, parente di nostra madre, che era venuta a trovarci con la figlia, un'hostess di linea.

Era stata la mia fidanzata a riportare il suo messaggio. Lo aveva incontrato nel pomeriggio alla radio, dove era andata per recuperare una copia delle chiavi di casa, visto che mia madre aveva dimenticato le sue all'interno e se n'era accorta soltanto dopo aver chiuso la porta d'ingresso.

Mio fratello gliele aveva consegnate, dicendole che sarebbe venuto a mangiare qualcosa più tardi. Lo aveva promesso anche alla cugina americana che aveva accompagnato Felicetta.

Ma Peppino non è venuto a casa all'orario di cena. Per lui era normale ritardare, capitava che incontrava qualcuno e si intratteneva con lui. Dopo avere atteso un po', abbiamo cominciato a cenare.

Ho saputo dopo che la sera dell'8 maggio l'ultimo a vedere Peppino è stato Salvo Vitale, che abitava a pochi metri da Radio Aut. Peppino, come era solito fare ogni sera, lo aveva accompagnato per rientrare poi a Cinisi. Salvo, appena sceso dall'auto di mio fratello, vide una macchina scura che lo seguiva. Un fatto che, almeno in quel momento, non gli fece nascere alcun sospetto. È proprio in quel momento che si perdono le tracce di Peppino.

Erano le dieci di sera quando sentimmo bussare alla nostra porta. Andai ad aprire e vidi tre suoi compagni: Giovanni Riccobono, Benedetto Cavataio e Giosuè Maniaci. Mi chiesero di Peppino e dissi che non lo avevamo visto. Ho chiesto se era successo qualcosa ma mi hanno detto che era tutto normale. Pensavano che dovesse essere a casa, ma sarà in qualche altro posto. Verso le undici e mezzo-mezzanotte siamo andati a dormire.

Alle sei del mattino sono arrivati i carabinieri. Mia madre apre la porta e le dicono che debbono perquisire per "problemi di terrorismo". Io dormivo nella casa di fronte e sono accorso subito in casa di mia madre che mi aveva avvertito e ho visto i carabinieri che mettevano in grandi sacchi di plastica neri, quelli che si usano per raccogliere la spazzatura, libri, volantini, documenti, tutto quello che trovavano.

Assistevamo a quella scena come ipnotizzati, poiché non capivamo cosa stesse succedendo. Riuscimmo ad aprire la bocca soltanto per chiedere che cosa fosse accaduto: "Nulla! Ragazzate...", rispose un ufficiale alle insistenze di mia madre. Io pensavo che fosse successo qualcosa, dato che Peppino non era venuto a casa: un arresto o qualcos'altro legato al sequestro di Aldo Moro. In quel momento i militanti della sinistra extraparlamentare erano sotto mira. Ma non pensavo minimamente a niente di tragico.

Terminata la perquisizione, mi portarono in caserma dove, dopo un lungo interrogatorio, in modo brutale mi diedero la notizia: "Suo fratello è morto mentre stava preparando un attentato terroristico. Ci dica quello che sa o sarà peggio per lei!".

È stato scioccante. Di certo il momento peggiore della mia vita. Ricordo di aver provato una sensazione di impotenza, accompagnata da uno squarcio interiore, come se all'improvviso qualcosa dentro di me si fosse spezzato.

Cosa hai saputo poi della morte di Peppino?

In base a quanto è stato possibile ricostruire nei primi due giorni, grazie al lavoro investigativo dei compagni, Peppino era stato rapito, strappato a forza dalla sua auto e portato nelle campagne di Cinisi, nei pressi di un casolare che sorge nelle immediate vicinanze della ferrovia che collega il tratto Trapani-Palermo, sulla strada che costeggia le piste dell'aeroporto. Probabilmente lo tenevano bloccato, mentre un altro del commando ne guidava l'auto, visto che è stata ritrovata sul luogo del delitto.

All'interno del casolare è stato picchiato a sangue dai suoi rapitori, fino a tramortirlo. Probabilmente gli hanno sbattuto la testa contro un gradone in pietra situato all'interno della struttura e poi lo hanno colpito con delle pietre. Dopo averlo immobilizzato, lo hanno disteso sui binari della ferrovia e, con una carica di tritolo posizionata all'altezza del petto, lo hanno fatto saltare in aria.

Per rivivere le emozioni di quella notte mi basta chiudere gli occhi e sentire una sensazione soffocante, un misto di rabbia, di angoscia tanto forti da togliermi il respiro.

Oltre al dolore, straziante, per aver perduto mio fratello, avevo anche molta paura. Paura di finire in carcere, che cominciasse una persecuzione.

A differenza di altri, la mia partecipazione politica non è mai stata molto attiva, ma sapevo benissimo che alcuni personaggi della sinistra extraparlamentare avevano imboccato la strada della violenza.

Tutti i compagni erano a rischio e le forze dell'ordine, anche con i metodi più drastici, avevano tutta l'intenzione di incastrarci e di zittirci. Cominciarono col mettere sotto torchio tutti i compagni che avevano lavorato alla radio con Peppino e poi, a raggiera, a coinvolgere i soggetti più disparati, esponenti del Pci con i quali non avevamo contatti da anni.

Quel giorno sono stato rilasciato dopo sei lunghissime ore di interrogatorio angosciante: non potevo credere a quanto stavo vivendo, né pensare che fosse quella la realtà. Mi hanno mostrato dei fogli e mi hanno chiesto se riconoscevo la grafia di Peppino. Ho letto quello scritto in cui Peppino parlava di suicidio e ho detto che era la scrittura di mio fratello. Per me era un trauma e ho detto che Peppino non aveva mai manifestato intenzioni suicide, che adesso era impegnatissimo nella campagna elettorale: l'avrà scritto tempo fa, non ora. Ho chiesto dove avevano trovato quei fogli, mi dicono che li hanno trovati in mezzo a un libro. Ho avuto la lucidità per osservare: uno che ha intenzioni suicide non mette la sua dichiarazione in mezzo a un libro, l'avrebbe messa sul comodino, in qualche posto per farla trovare facilmente. Non mi hanno detto nient'altro.

Nello stesso momento c'erano gli interrogatori dei compagni di Peppino, trattati come compagni del terrorista.

I mafiosi non vennero minimamente disturbati, né perquisite le loro case. Ci sentivamo terrorizzati, accerchiati e schiacciati tra l'assassinio di Peppino e la persecuzione delle forze dell'ordine

Subito dopo il delitto è cominciato il depistaggio…

Tutto si è compiuto nel giro di poche ore, quelle più delicate, durante le quali le indagini sono state manipolate e portate fuori strada. Sembrava un vero e proprio complotto: dai carabinieri della caserma di Cinisi che erano stati tra i primi ad arrivare nel luogo dell'omicidio, a quelli del Reparto operativo del gruppo di Palermo comandati dal maggiore Subranni, fino ai magistrati che per primi avevano avuto l'incarico.

Il procuratore reggente Martorana, coadiuvato dal sostituto di turno Signorino, affidarono le operazioni più urgenti al pretore di Carini, Trizzino, che dopo la raccolta frettolosa dei resti di Peppino fece subito riparare i binari. La cosa più strana è che Trizzino, assieme a molti altri, ha sempre dichiarato di non aver neppure notato il casolare. La vicenda giudiziaria doveva chiudersi immediatamente con la registrazione del fatto come attentato terroristico, come suicidio compiendo un atto terroristico. Se si è riaperta si deve all'esposto presentato l'11 maggio da alcune associazioni, tra cui il Centro siciliano di documentazione, che la mattina di quel giorno organizzò un'assemblea all'Università di Palermo, con il docente di Medicina legale Ideale Del Carpio che dimostrò che non poteva trattarsi di suicidio. I compagni di Peppino raccolsero altri resti del corpo di mio fratello e trovarono le pietre macchiate di sangue all'interno del casolare. Al Palazzo di Giustizia il procuratore capo della Repubblica di Palermo, Gaetano Costa, sollecitò il giudice Domenico Signorino a formalizzare l'inchiesta per omicidio contro ignoti. Ma altri magistrati e le forze dell'ordine continuavano a propendere per la tesi dell'attentato. Un disegno che presentava evidenti lacune e numerosi buchi neri come, per fare solo un esempio, la sparizione della casellante in servizio all'orario dell'esplosione, improvvisamente emigrata negli Stati Uniti senza neppure essere stata ascoltata dagli investigatori.

E tua madre?

La mattina del 9 maggio mia madre non sapeva ancora nulla. Nessuno era stato in grado di informarla. Quel che ho saputo è che Felicetta, accompagnata dal padre, si era avviata in macchina verso il negozio dove avrebbe dovuto recuperare la mia auto. Scendendo lungo il corso si è accorta che molte persone, raccolte in gruppi a parlare, si voltavano a guardarla con espressioni piuttosto strane. All'inizio pensava si trattasse di una sua sensazione, quella che spesso proviamo quando ci sentiamo osservati. Poi, ha cominciato a capire che c'era qualcosa che non andava. Arrivata al negozio ha notato che mio cugino stava abbassando le saracinesche. È stato in quel momento che Felicetta ha avuto la notizia.

Ha avuto una violenta crisi di nervi e dopo essersi ripresa è andata a casa di mia madre. C'erano alcuni parenti che però non avevano avuto il coraggio di dirle cos'era successo. Lei vagava per casa, confusa, perché non capiva per quale motivo c'erano quei parenti. Vedendola entrare, mia madre le è corsa incontro dicendo: "Ora tu mi devi dire cosa è successo a Peppino!".

Felicetta è riuscita solo a sussurrare: "Lo hanno ammazzato".

È stato allora che mia madre ha lanciato un urlo straziante, come se le fosse crollato addosso il mondo. Poi si è zittita. Non ha più sussurrato una sillaba né versato una lacrima.

10. Prove di depistaggio

FRANCO VASSIA: *Sappiamo che le indagini sulla morte di Peppino sono state condotte in modo da coprire i responsabili del delitto.*

Com'è possibile che le forze dell'ordine si siano prestate a svolgere un ruolo così negativo in un Paese che si dice democratico?

GIOVANNI IMPASTATO: Innanzitutto bisogna dire che l'omicidio era il risultato finale di una montatura ben architettata. La mafia non ha soltanto deciso di eliminare fisicamente la figura di Peppino, ma anche di infangarne la memoria, di distruggere completamente e definitivamente la sua immagine.

Peppino Impastato doveva risultare un folle, un esaltato che, di giorno, si schierava in difesa dei diritti dei lavoratori e, di notte, andava a piazzare bombe, per far saltare in aria il treno dei pendolari che si recavano a Palermo.

Del resto, sia le modalità che il momento scelto per il delitto dimostrano che la sua non è stata una semplice esecuzione o il frutto di un regolamento di conti, quanto un progetto politico vero e proprio. Fare passare Peppino per terrorista diventava "credibile", data la caccia ai terroristi che si era aperta già da tempo e che si sarebbe accentuata con la vicenda del sequestro e dell'uccisione di Moro.

Che la mafia non sia soltanto un'organizzazione criminale ma un sistema di accumulazione e di potere, forte dei suoi rapporti con settori delle istituzioni, come da anni sostiene con le sue analisi il Centro Impastato di Palermo, dovrebbe essere scontato, ma spesso non lo è. Poi la mafia di Cinisi e dintorni aveva un ottimo rapporto con rappresentanti delle forze dell'ordine che consideravano Badalamenti e gli altri mafiosi come "uomini d'ordine", rispettabili e rispettati. La scena dei mafiosi che prendevano il caffè con i marescialli dei carabinieri si ripeteva quotidianamente.

Il depistaggio c'è stato perché mentre i mafiosi godevano di largo credito, i militanti della sinistra extraparlamentare venivano visti come terroristi in prima persona o vicini ai terroristi, anche se è stato trovato un rapporto del maresciallo dei carabinieri del tempo, scritto alcuni mesi prima del delitto, in cui diceva che il gruppo di Peppino tutto faceva meno che azioni terroristiche.

Tutto questo è stato ufficialmente riconosciuto dalla relazione della Commissione parlamentare antimafia del dicembre 2000. Ed è proprio in quella relazione che si sottolinea il ruolo determinante svolto dal pretore di Carini che, facendo rimettere subito a posto i binari, ha cancellato prove importantissime, e dal maggiore dei carabinieri Antonio Subranni che ha sostenuto la tesi dell'attentato suicida.

Ma ci sono anche altri esempi: la macchina di Peppino, la Fiat 850 parcheggiata nelle immediate vicinanze, non è mai stata né perquisita né analizzata. È stata lasciata lì, vicino a quel casolare, aperta, incustodita e accessibile a tutti. Chiunque poteva fare quello che voleva, tranne i compagni di Peppino ai quali era stato proibito di avvicinarsi. E poi le pietre macchiate di sangue, raccolte dal necroforo e dai compagni di Peppino. La prima pietra è stata raccolta da Liborio, il necroforo, che l'ha consegnata al maresciallo che l'ha fatta sparire.

Le forze dell'ordine hanno seguito un'unica pista: quella dell'attentato terroristico. Con quest'ottica hanno fatto le perquisizioni e svolto gli interrogatori. La lettera ritrovata tra i libri che mio fratello teneva in casa di mia zia Fara è stata per loro la prova che chiudeva definitivamente il cerchio. L'abbiamo già detto: quella lettera era stata scritta diversi mesi prima e aveva due versioni.

La seconda lettera, in cui non parlava più di suicidio, è stata pubblicata poco dopo il delitto nel bollettino del Centro siciliano di documentazione dal titolo *10 anni di lotta contro la mafia*, ma gli investigatori non ne hanno tenuto conto.

Evidentemente a loro interessava strumentalizzare quell'altra, dove Peppino aveva scritto: "Non voglio funerali di nessun genere. Dal punto di morte all'obitorio". Come mai Peppino, che aveva una vi-

talità sfrenata e un carattere fortissimo, aveva cominciato a dare segni di cedimento?

Peppino era un tipo molto sensibile che, come abbiamo avuto modo di vedere, alternava a momenti di grande entusiasmo altri di cupo pessimismo.

Qualche volta, quando sentiva la solitudine, cercava la protezione e l'affetto che nostro padre non aveva saputo e potuto dargli. E li ha cercati nell'attività politica. In quel periodo, parliamo all'incirca del novembre del 1977, Peppino si sentiva isolato e depresso. Leggiamo la sua lettera, nelle due stesure.

Peppino scrive nella prima lettera: "Sono nove mesi, quanti ne servono per una normale gestazione, che medito sull'opportunità, o forse sulla necessità, di 'abbandonare' la politica e la vita". Nella seconda scrive solo: "'abbandonare' la politica".

Poi indica un data, il 13 febbraio, in cui ha trascritto su una parete del circolo Musica e Cultura una strofa di una canzone del '68, in cui si parla di compagni, operai e studenti e di "facce sorridenti". Dopo scrive nella prima lettera, ma il testo è quasi uguale nella seconda: "Due mesi e mezzo di menate sul 'personale', di allucinanti enunciazioni sul 'riprendiamoci la vita' mi avevano aiutato soltanto a ritagliarmi notevoli 'spazi di morte', mi avevano affogato in un mare di ipocrisia e malafede. Le persone peggiori che ho conosciuto sono proprio i 'personalisti' (cultori del personale) e i cosiddetti 'creativi' (ri-'creativi', visto che non creano un cazzo): a loro preferisco criminali incalliti, ladri, prostitute, stupratori, assassini e la 'canaglia' in genere".

Come vedi ci andava giù duro. Anzi durissimo. Cosa succedeva? Erano tempi di "riflusso" e molti compagni erano sulla via della resa e della rinuncia. Peppino non poteva sopportarli e se la prendeva anche con chi fumava spinelli. Nei loro comportamenti avvertiva la crisi di un'epoca e il fallimento di una generazione. Da qui nasceva una disperazione che in alcuni momenti lo ha portato a pensare al suicidio.

Al giudizio pesantissimo su questi compagni bisogna aggiungere lo scontro con quelli della comune di Carlo Silvestri. L'uso delle droghe leggere e modelli di vita tipo hippy si erano insinuati nel corpo di Lotta continua e Peppino lottava con tutto se stesso contro tutto questo che per lui portava alla smobilitazione. Era riuscito a riprendersi e a portare all'impegno altri compagni nel periodo della campagna elettorale.

Sui compagni di Peppino voglio ricordare che ci sono state varie stagioni. All'inizio erano persone della sua generazione, conosciute a scuola e in paese, attraverso il giornale, le lotte per la terza pista dell'aeroporto, il '68. Qualche nome: Andrea Bartolotta compagno dalla scuola media, il cugino Piero Impastato, Agostino Vitale di cui ho già parlato, Francesco Palazzolo, detto Cicciarello, nipote di Vito Palazzolo condannato come mandante dell'assassinio di Peppino, Giacomo Abbate un ferroviere, l'attore Gaspare Cucinella, Pino Vitale impiegato all'aeroporto che ha ricevuto anche lui lettere di minaccia, Totò Maltese studente e ora ingegnere, Enzo Vitale studente e ora geometra trasferitosi per lavoro all'estero, mastro Alfonso, un barbiere di Cinisi che ha incontrato durante la militanza nel Psiup, emigrato in America e morto da tempo, i fratelli Sgrò anche loro del Psiup, Franco Maniaci poi vicesindaco per il Pci, Nino Lupo nipote di Gaetano Badalamenti. Con alcuni di loro, per divergenze politiche e per altri motivi, ha perso i rapporti. In questa fase ha avuto un buon rapporto con compagni del Pci, oltre a Stefano Venuti, Filippo Iacopelli, Giuseppe Fantucchio, Masino Chirco, Vincenzo Puleo.

Salvo Vitale ha partecipato alle lotte per l'aeroporto, poi si è trasferito in altre regioni per insegnare ed è ritornato nel periodo della radio.

Con l'esperienza di Musica e Cultura e della radio, sono comparsi altri compagni: Giovanni Riccobono, Vito Lo Duca poi emigrato a Milano e morto qualche anno fa, Carlo Bommarito, Giampiero La Fata, il cugino Ciccio Impastato che si occupa di musica e da tempo in Germania, Faro Di Maggio, Giosuè Maniaci, Pino Manzella, il fotografo Paolo Chirco, Nino Giannola ora medico, Faro Sclafani, Giacomo Randazzo, Guido Orlando, Benedetto Cavataio poi andato a Forza Italia. Poi ci sono le ragazze del movimento femminista: Fanny Vitale morta prematuramente, Fanny e Graziella Iacopelli, Marcella Stagno, Silvana Faletra, altre che non ricordo.

Questi compagni hanno avuto un ruolo significativo nell'ultima fase della vita di Peppino, in particolare durante la campagna elettorale.

Perché Peppino decise di candidarsi alle elezioni comunali?

Peppino attribuiva un ruolo fondamentale all'impegno politico legato alle lotte ma ha sempre riconosciuto l'importanza del lavoro all'interno delle istituzioni. Nel 1972 aveva partecipato alla campagna elettorale de il Manifesto e alle elezioni regionali del 1976 si era candidato nella lista di Democrazia proletaria, un cartello in cui c'erano Avanguardia operaia, il Manifesto e Lotta continua. Aveva avuto circa 350 preferenze. Per Peppino e il suo gruppo poter contare su di un consigliere comunale significava veder aumentate le possibilità di incidere nel tessuto sociale e politico del territorio, capire più chiaramente dall'interno del comune gli affari mafiosi e le connivenze politiche. Peppino credeva a quel progetto, ci credeva fino in fondo.

Con alcuni compagni era riuscito a formare una lista alternativa e, con anima e corpo, si era gettato nella campagna elettorale. Ha attaccato il Partito comunista e la linea di Berlinguer perché era fermamente convinto che un compromesso storico in Sicilia sarebbe stato un accordo con la mafia. Lui non credeva assolutamente che ci fosse una parte sana della Dc. In un documento scriveva: "Il gruppo dirigente democristiano nello scacchiere politico locale, come su quello nazionale, si pone come un'associazione di tipo mafioso, non solo e non tanto per la convergenza di mafia e di clientele parassitarie che è riuscito a suscitare e ad aggregare attorno a sé, quanto per il modo stesso banditesco e truffaldino di concepire ed esercitare il potere nell'amministrazione della cosa pubblica".

Se scriveva questo della Democrazia cristiana cosa scriverebbe oggi di Berlusconi? Siamo caduti dalla padella nella brace.

Come si comportarono i compagni di Peppino dopo il delitto? Si racconta che alcuni di loro abbiano svolto delle indagini parallele...

Alcuni compagni di Peppino, la notte del delitto hanno scandagliato l'intera zona della tragedia e qualche giorno dopo hanno rilevato all'interno di un casolare vistose macchie di sangue rappreso.

All'esterno del casolare, alcune pietre presentavano piccole macchie di sangue, all'interno, su una specie di sedile in pietra, ce n'erano altre, più grandi e copiose. Come ho già detto, il necroforo del comune, incaricato di raccogliere i resti (ha trovato intatta solo una parte di gamba e un piede a circa 150 metri dal luogo dell'esplosione), ne aveva trovata una abbastanza grande completamente sporca di sangue e l'aveva consegnata ai carabinieri, ma di quella pietra non è rimasta traccia.

Visto il totale disinteresse dei carabinieri, abbiamo fatto analizzare quel sangue e abbiamo appurato che era dello stesso gruppo sanguigno di Peppino. Queste informazioni le abbiamo avute solo grazie alla collaborazione del professore Ideale Del Carpio, che ha avuto un ruolo fondamentale nei giorni dopo il delitto.

Ai compagni di Peppino è poi toccato anche un altro doloroso compito: quello di raccogliere i suoi resti che le forze dell'ordine giunte sul posto non avevano neppure provveduto a raccogliere con attenzione.

Il "Giornale di Sicilia" scrisse che quelle macchie erano di sangue mestruale. Un'opera di depistaggio che trovava di giorno in giorno sempre più nuovi adepti negli organi di informazione...

Tutti i quotidiani, regionali e nazionali, hanno fin da subito sposato la tesi fornita dalla procura e dalle forze dell'ordine. Le uniche testate che hanno parlato chiaramente di omicidio mafioso sono state "Lotta continua" e "Il quotidiano dei lavoratori", legato ad Avanguardia operaia.

Ma, quel che fa male è come si sono comportati i giornali storici della sinistra, come "l'Unità" e "il Manifesto". "L'Unità" si chiedeva: "Attentatore o vittima?". "Il Manifesto" dedicò un trafiletto, a firma di G.R. (Gianni Riotta) che concludeva: i compagni dicono: "È stata la mafia". Nei giorni successivi non è tornato sull'argomento.

A Cinisi la sezione del Pci ha diffuso un comunicato ambiguo, che negava a Peppino l'appellativo di compagno. La sera in cui fu scritto, alcuni compagni del partito vicini alle posizioni di mio fratello si dissociarono dalla posizione ufficiale e altri per la rabbia e l'indignazione scatenarono quasi una rissa.

Il 10 maggio, il giorno successivo all'omicidio, tutti gli articoli dei principali quotidiani, e così le edizioni speciali televisive e i notiziari, erano dedicati esclusivamente al ritrovamento del cadavere di Aldo Moro, ucciso dalle Brigate rosse dopo una prigionia durata 55 giorni.

Soltanto in qualche pagina interna era possibile trovare qualche riferimento che riportasse la notizia della morte di mio fratello. La maggior parte di questi articoli sposava un'analisi che non lasciava alcun dubbio: Qualche esempio: il "Corriere della sera": "Ultrà di sinistra dilaniato dalla sua bomba sul binario"; l'"Avanti": "Attentatore dilaniato da una bomba"; "La Sicilia": "Dilaniato dalla bomba usata per l'attentato".

Quel giorno "Lotta continua" uscì in edicola con il titolo: "Assassinato dalla mafia il compagno Peppino Impastato!" e "Il quotidiano dei lavoratori" titolava: "Giuseppe faceva paura alla mafia. Per questo lo hanno ucciso".

Quegli articoli sono stati il segnale che non eravamo soli.

I funerali di Peppino hanno visto la partecipazione di moltissime persone che con striscioni, cartelli e bandiere rosse, hanno attraversato un paese come Cinisi che è un feudo di mafia...

Sono venuti tantissimi compagni.

Ero trafitto dal dolore, sfibrato dalla sofferenza ma, ai funerali di Peppino, ho provato la stessa sensazione che ho avuto nel leggere i titoli di "Lotta continua" e de "Il quotidiano dei lavoratori". È stato in quel momento che ho capito che la lotta di Peppino sarebbe continuata.

Stavamo aspettando la bara con i resti di Peppino. Nella sala da pranzo si erano appostati i familiari di mio padre. Quando hanno visto che sulla strada c'erano tantissimi compagni, sono andati via.

Non potrò mai dimenticare quel giorno: salendo da corso Umberto, l'arteria principale che taglia Cinisi, ho visto un fiume di gente colorata, i cartelli, gli striscioni e le bandiere. Quel giorno c'era un migliaio di persone. È stata una grande mobilitazione, una vera mobilitazione di massa. Del resto, moltissimi studenti si sono attivati in quei giorni. L'indomani mattina ci fu un'assemblea all'Università di Palermo, ci furono anche scontri con la polizia, lanci di lacrimogeni. La morte di Peppino veniva vista come un attacco sferrato anche alla sinistra extraparlamentare e per qualche tempo la reazione fu molto forte e ridiede vita seppur per poco al movimento, sfaldatosi quasi del tutto negli ultimi mesi del 1977.

Il giorno dei funerali, il corteo, dopo essersi quasi impossessato della bara di Peppino, lo ha accompagnato fino al cimitero cantando sommessamente *L'Internazionale*.

A quell'estremo saluto, soltanto Cinisi non ha voluto o potuto partecipare. Nonostante la quasi totalità degli abitanti del nostro paese sapesse benissimo che Peppino era stato ucciso dalla mafia, non c'è stato nessuno che ha avuto il coraggio di esporsi.

Le persiane delle finestre che danno sul corso sono rimaste chiuse. Un atto di codardia denunciato da Umberto Santino nel suo comizio svoltosi il pomeriggio del giorno seguente, tenuto dal palchetto lungo il corso di Cinisi, lo stesso dal quale parlava Peppino. Umberto disse che fin quando quelle persiane sarebbero rimaste chiuse il lavoro e la morte di Peppino sarebbero stati inutili.

C'è una foto molta bella di Franco Zecchi ed è quella che ti coglie nel momento di alzare il pugno.

Un gesto che può essere inteso come l'estremo saluto all'impegno di tuo fratello, ma anche una reazione che può significare una presa di coscienza, una forma di ribellione che ti spingeva a raccogliere il testimone.

È stato in quel preciso momento che ho deciso di rompere gli indugi e di raccogliere con quel gesto la sua eredità.

Il mio pugno chiuso era il modo più visibile per sottolineare una scelta, quella definitiva, quella che mi ha spinto a rompere con il passato. È stato quasi un automatismo, ma che inconsciamente nascondeva una grande consapevolezza. Alcune risposte o reazioni che sembrano dovute a volte all'incoscienza sono spesso dettate, invece, da un senso di coscienza interiore, tanto da venire così, naturalmente.

Felicia, vostra madre, vedendo arrivare tanta gente a Cinisi, ha esclamato: "Peppino: non l'hanno dimenticato!". Il 9 maggio ormai è diventato una data storica, un simbolo…

Mia madre non se l'aspettava e disse qualcosa del genere, in siciliano.

L'anno successivo alla morte di Peppino, con l'aiuto dei compagni e del comitato di controinformazione dedicato a mio fratello, formatosi all'interno del Centro siciliano di documentazione, abbiamo organizzato la prima Manifestazione nazionale contro la mafia.

In Sicilia, non si era mai verificata un'iniziativa del genere.

Sono arrivati in duemila da ogni parte d'Italia e hanno sfilato con cartelli che lo avrebbero reso felice: "Badalamenti, per te non c'è domani", "La mafia uccide, il silenzio pure", "Peppino Impastato assassinato dalla mafia e dallo Stato".

Un corteo molto lungo, deciso, che urlava quelle verità scoperte da Peppino, che metteva al centro del suo impegno il rapporto tra mafia e istituzioni, mafia e politica.

Nel vedere quel fiume in piena, posso immaginare cosa passasse per la testa dei miei concittadini.

Ci sono stati anche momenti di tensione, quando i manifestanti si sono fermati davanti alla casa di Badalamenti, urlandogli: "Esci fuori, se hai le palle!". Mentre, sulla facciata della sua casa è comparsa anche una scritta che a caratteri cubitali recitava: "Badalamenti: per te non c'è domani!". Quel giorno, così com'era stato per i funerali di Peppino, don Tano sparì da Cinisi. Da allora venne pochissime volte in paese, per poi scomparire definitivamente agli inizi degli anni Ottanta per non rischiare di essere eliminato dai suoi rivali nella seconda guerra di mafia.

A proposito di Cinisi: come si è comportato il paese dopo la morte di Peppino? E quale clima si è creato intorno a voi?

C'è stato un vero è proprio isolamento: intorno a noi non c'era altro che terra bruciata il che, a pensarci bene, è una cosa inaccettabile ma anche altrettanto spiegabile. Cinisi campava grasso con il traffico di droga e poi c'è una parte piuttosto numerosa di siciliani che dai familiari delle vittime della mafia pretende soltanto la più completa rassegnazione.

A Cinisi, erano molti coloro che da noi pretendevano solo il silenzio, l'omertà assoluta. Volevano che questa storia, così come tutte le altre che segnano la storia della nostra società, si chiudesse per sempre e che il nostro lutto fosse consumato all'interno delle nostre case.

Purtroppo per loro, non è andata come volevano. Ci siamo ribellati alle loro regole e questo li ha spiazzati. È stato allora che a mia madre sono cominciati ad arrivare i primi avvertimenti: "State attenti! Soprattutto a Giovanni... Se continuate con la vostra denuncia, è lui a rischiare più di tutti".

Nessuno si aspettava una nostra reazione così determinata. Una reazione che si è espressa con l'esposto-denuncia che abbiamo presentato alla magistratura e con la decisione di costituirci parte civile.

In una regione dove la mafia ti è vicina di casa, è ancora più difficile pensare a una denuncia contro ignoti. La vostra famiglia, seppur legata in precedenza da vincoli mafiosi, è stata tra le poche ad affidarsi completamente nelle mani della giustizia.

In realtà c'erano stati altri casi, mogli e madri che si erano costituite parte civile in processi contro esponenti mafiosi. Un grande esempio è quello di Francesca Serio, la madre di Salvatore "Turiddu" Carnevale, il sindacalista ucciso a Sciara nel 1955, una donna davvero coraggiosa e tra le prime a indicare la via da seguire.

Ma, con la nostra presa di posizione, mia madre ed io non abbiamo voluto soltanto denunciare il malaffare, quanto praticare una vera e propria rottura con il passato, con la storia familiare.

Quel gesto, per la mafia è stato un affronto gravissimo. Una decisione certo sofferta ma anche irremovibile. Un passo che abbiamo compiuto tutti insieme: mia madre, io e mia moglie Felicia, grazie anche al sostegno dei compagni di Peppino, di Umberto Santino e Anna Puglisi del Centro di documentazione di Palermo.

Per farci recedere da quella nostra decisione, in quei giorni ci è stato prospettato di tutto, soprattutto la vendetta. Il bersaglio? Gaetano Badalamenti. Nella logica mafiosa l'unico modo per risarcire la morte di mio padre e di mio fratello.

Chi è stato a proporvi la vendetta?

Sono stati alcuni parenti mafiosi. Mia madre li ha cacciati via di casa. E da allora non ci hanno rimesso piede.

11. Il Centro siciliano di documentazione intitolato a Peppino

FRANCO VASSIA: *Il pensiero e le idee di Peppino non si sono esaurite con la sua morte. Lo si è potuto capire e vedere non soltanto dalla partecipazione di massa che lo ha accompagnato nel suo ultimo viaggio, ma anche dall'impegno di chi si è assunto il compito di continuare a portarli avanti. Penso, per esempio, al Centro siciliano di documentazione intitolato a Peppino, fondato da Anna Puglisi e Umberto Santino. Quando li hai incontrati?*

GIOVANNI IMPASTATO: È stato subito dopo l'assassinio di Peppino. Da allora, con loro, è nata una profonda amicizia e un solido rapporto di collaborazione e di condivisione. Il rapporto con loro e con i compagni di Peppino, ci ha portati all'affermazione della verità.

Già nel 1977, Anna e Umberto avevano fondato il Centro siciliano di documentazione e organizzato un convegno nazionale sul trentennale della strage di Portella della Ginestra. Il titolo del dibattito era "Portella della Ginestra: una strage per il centrismo", proponendo una nuova lettura della strage del primo maggio del 1947. Il massacro andava ad inserirsi in una strategia finalizzata allo spostamento al centro dell'asse politico italiano, con l'utilizzo di ogni mezzo, compresi il terrore e la violenza. Non dobbiamo dimenticare che quell'anno, il 20 aprile, solo dieci giorni prima della mattina in cui si sparò su contadini inermi che festeggiavano la festa dei lavoratori, in Sicilia le prime elezioni regionali erano state vinte dal Blocco del popolo, che raccoglieva socialisti e comunisti. Fu un vero e proprio campanello d'allarme che determinò l'intervento stragista da parte di chi intendeva costituire un sistema conservatore, sbarrato alle sinistre.

Dopo la morte di Peppino, Anna e Umberto, e gli altri soci, tra cui c'eravamo io e Felicetta, hanno deciso di intitolare il Centro a mio fratello: una scelta coraggiosa compiuta in un momento particolarmente difficile. Per molti, infatti, a quei tempi Peppino era un "terrorista fallito".

Fin dal primo momento, hanno assunto un ruolo determinante per salvare la memoria di Peppino e continuarne l'attività. Hanno dato un contributo decisivo nella ricerca della verità sul piano storico e su quello giudiziario. All'inizio e per alcuni anni, i compagni di Peppino hanno avuto un ruolo essenziale, preparando esposti e uno di loro, Giovanni Riccobono, ha corso seri pericoli, rivelando che un suo cugino gli aveva detto di non andare quei giorni a Cinisi perché sarebbe successo "qualcosa di grosso". Ma il ruolo più duraturo nel tempo è stato quello del Centro, accanto a noi familiari. A questo impegno si deve la riapertura dell'inchiesta e infine la condanna dei mandanti. C'è anche un ulteriore motivo alla base del nostro rapporto: è a loro, infatti, che devo gran parte della mia crescita culturale e sociale.

Se l'esperienza di Peppino è ancora viva, questo è dovuto anche alla determinazione e alla tenacia dei fondatori del Centro. Per me e per la mia famiglia, assieme ad alcuni compagni di Peppino, loro hanno sempre rappresentato una garanzia, un punto di riferimento fondamentale.

Altre persone, che pur ci sono state particolarmente vicine nei primi anni, col tempo hanno diluito la loro partecipazione fino ad arrivare a gettare la spugna. Qualcuno lo ha fatto per rassegnazione, qualcun altro, probabilmente, perché aveva altri interessi. Dopo un inizio alquanto promettente, il fiume di persone si è via via prosciugato e siamo arrivati, negli anni Novanta, quasi a contarci.

Il rinnovato interesse verso la sua figura lo si deve all'impegno di pochissime persone, tra cui ci sono certamente Anna e Umberto, determinante, tra l'altro, anche per la realizzazione de *I cento passi*, il film di Marco Tullio Giordana che in modo romanzato ne racconta la storia. Se non ci fosse stata un'attività precedente, che era riuscita a mandare sotto processo i mafiosi responsabili dell'assassinio e ad attivare la Commissione parlamentare antimafia, nessuno avrebbe pensato di fare un film su Peppino.

Che cos'è il Centro siciliano di documentazione, oggi intitolato a Peppino Impastato?

È un'associazione culturale che svolge un lavoro complesso: lo studio e la ricerca, l'intervento nelle scuole, il sostegno alle iniziative sul territorio. Per quanto riguarda la vicenda di Peppino, il suo ruolo, come dicevo, è stato decisivo. Subito dopo il delitto il Centro ha pubblicato il bollettino *10 anni di lotta contro la mafia*, che ricostruiva l'attività di Peppino, poi ha proposto e organizzato la manifestazione nazionale del 9 maggio del '79 e negli anni successivi ha presentato esposti, raccolto prove, sollecitato con noi familiari la magistratura a fare giustizia. Nel 1986 è stata fondamentale la pubblicazione del libro *La mafia in casa mia*, curato da Anna e Umberto.

Il libro, che conteneva una lunga intervista-confessione di mia madre, faceva luce su alcuni dettagli importantissimi e inediti che chiarivano episodi rimasti oscuri, come il viaggio di mio padre negli Stati Uniti. Quel libro, portato in procura ancora in bozze assieme al dossier *Notissimi ignoti*, ha fatto riaprire l'inchiesta.

Il Centro ha avuto un ruolo anche nel lavoro della Commissione parlamentare antimafia, che ha costituito un comitato "sul caso Impastato" per indagare sulle responsabilità di rappresentanti delle forze dell'ordine e della magistratura nel depistaggio delle indagini.

La relazione finale di quella Commissione, approvata nel 2000, ricostruiva in modo minuzioso tutto il contesto storico e politico nel quale si è verificato l'assassinio di mio fratello, facendo nomi e cognomi di depistatori. Un fatto storico che non si era mai verificato nella storia della Repubblica e che dovrebbe replicarsi per delitti e stragi ancora impuniti, da Portella a piazza Fontana, alla stazione di Bologna.

Grazie alla continua attenzione che il Centro ha riservato alle vicende giudiziarie, nel maggio del 1994 il nostro avvocato ha inoltrato una richiesta per poter interrogare un mafioso collaboratore di giustizia in merito all'assassinio di Peppino. Era Salvatore Palazzolo, della famiglia mafiosa di Badalamenti. Il suo nome era sul "Giornale di Sicilia" e lo ha segnalato Anna che cura la cronologia dei fatti di mafia per il sito del Centro.

Ma l'attività del Centro non è circoscritta all'intervento nel percorso successivo alla morte di Peppino. Il Centro ha svolto una serie di studi sul fenomeno mafioso, decisamente innovativi. La mafia non è stata analizzata solo come associazione criminale, ma soprattutto come sistema di rapporti, con professionisti, imprenditori, amministratori, politici e rappresentanti delle istituzioni, quella che Umberto chiama "borghesia mafiosa", che costituiscono la vera forza della mafia. E altrettanto significative e innovative sono le ricerche sull'antimafia, dalle lotte contadine ai nostri giorni, un patrimonio quasi totalmente dimenticato. Ricordo qualche titolo: *La borghesia mafiosa, La violenza programmata, L'impresa mafiosa, Dietro la droga, L'alleanza e il compromesso, Mafie e globalizzazione, Storia del movimento antimafia, Donne, mafia e antimafia, L'agenda dell'antimafia.*

E poi c'è il lavoro nelle scuole, con mostre e pubblicazioni, l'impegno sul territorio, dalle lotte pacifiste di Comiso nei primi anni '80 alle lotte dei senzacasa di Palermo. E tutte queste attività sono svolte con le sole risorse dei soci. Il Centro è totalmente autofinanziato poiché la regione siciliana non ha accolto la richiesta di una legge che fissi dei criteri oggettivi per il finanziamento delle attività culturali e in particolare di quelle antimafia. Altri centri e associazioni nati dopo sono finanziati con leggine apposite, ottenute con criteri personalistici di tipo clientelare.

Il vostro incontro quindi si è rivelato fondamentale anche come esperienza culturale e umana.

Sicuramente! Posso dirti di aver considerato un privilegio la possibilità di aver frequentato persone così valide, così ricche dal punto di vista culturale e umano. Devo molto a loro e non rinuncerei mai al sostegno che mi hanno garantito in tutti questi anni.

Certo, in questo lasso di tempo possono essersi verificate alcune incomprensioni che però non hanno mai scalfito la stima reciproca. Incomprensioni nate molte volte per colpa mia, specie quando non riuscivo a capire alcune delle loro considerazioni e i loro consigli che avevano spesso il solo scopo di farmi tenere i piedi ben piantati per terra.

12. L'inchiesta giudiziaria

FRANCO VASSIA: *Un'inchiesta difficile, costellata di momenti positivi e di altri decisamente negativi, un viaggio nel cuore della giustizia dove avete avuto la possibilità di apprezzare il lavoro svolto da grandi magistrati...*

GIOVANNI IMPASTATO: Mia madre e io abbiamo incontrato il consigliere istruttore Rocco Chinnici e poi Antonino Caponnetto, Giovanni Falcone, Gian Carlo Caselli. Anche Paolo Borsellino era presente a un interrogatorio di mia madre.

Ognuno di loro ha avuto un ruolo determinante nella buona riuscita del processo. Servitori fedeli dello Stato, alcuni di loro sono stati uccisi, perché nel totale isolamento e senza alcun sostegno hanno svolto fino in fondo il proprio dovere.

Ma la cosa che ci ha più indignato in questa storia è che i depistatori, coloro che in tutti i modi hanno cercato di insabbiare la verità, abbiano alla fine ricevuto onori, gloria, agevolazioni e anche promozioni e abbiano occupato posti strategici e centrali a livello istituzionale.

Una contraddizione inaccettabile per qualsiasi Paese civile: ai primi la morte, ai secondi il successo. Mi sono trovato troppe volte a pensare che, in Italia, la legalità sia un optional.

Come si è svolta l'inchiesta?

Come ho già ricordato, dell'inchiesta nelle prime fasi si occupò il magistrato Domenico Signorino che, su indicazione del procuratore Costa, si rifiutò di archiviare il caso, come invece molti avrebbero voluto, sotto il nome di "suicidio-attentato terroristico". Ho saputo dopo che il procuratore generale Pizzillo sosteneva che Peppino Impastato era un estremista e che le nostre reazioni e gli esposti che avevamo presentato potevano essere una "speculazione orchestrata dai comunisti". Costa sbottò: "Ma quale speculazione? Badalamenti non è un esponente politico: è un mafioso".

Con la riapertura del caso, l'inchiesta passò a Rocco Chinnici…

Ricordo il primo incontro con lui al Palazzo di Giustizia. Assieme a Umberto Santino siamo andati a trovarlo nel suo ufficio di consigliere istruttore che era al pian terreno, con vetrate enormi che lasciavano vedere tutto quel che succedeva in strada.

Umberto, dopo essersi guardato più volte intorno, gli chiese: "Giudice, ma quest'ufficio è sicuro?".

Chinnici rispose: "Non ho alcun timore. L'unico modo che hanno per uccidermi è con un'autobomba".

Rocco Chinnici sapeva perfettamente come sarebbe morto.

So che lavorava in un clima pesante, preoccupandosi che qualche voce uscisse dalla sua stanza. Ed è così che non accettava nemmeno la presenza di un cancelliere durante le nostre conversazioni, ma era lui stesso a prendere appunti. Ho saputo che le comunicazioni più importanti a suoi sostituti o a colleghi fidati le faceva in ascensore.

In merito all'inchiesta sull'omicidio di Peppino, è stato lui a condurre le prime operazioni, a ottenere i primi fermi e poi gli arresti. Fu lui ad arrestare i fratelli Amenta, cugini di Giovanni Riccobono, che non esitò a fare i loro nomi.

Il giudice Chinnici cominciò a vagliare le denunce fatte da Peppino, soprattutto quelle che riguardavano le speculazioni edilizie a danno del territorio, come il villaggio Z10 e il palazzo a cinque piani di Finazzo.

Chinnici era sempre più convinto che i mandanti si celassero tra le persone interessate a questi progetti.

Un'inchiesta che però Chinnici non ha potuto portare a termine e che, successivamente, è passata al giudice Antonino Caponnetto…

Un altro grande giudice. Caponnetto, appena messo piede a Palermo, continuò il lavoro iniziato da Chinnici. Mentre svolgeva la sua opera di organizzazione del pool antimafia, avviata da Chinnici, Caponnetto si è interessato dell'inchiesta, valutando con molta attenzione alcuni degli elementi processuali.

Il nostro incontro si è svolto in modo piuttosto informale e, dopo esserci confrontati per più di un'ora su alcuni aspetti dell'inchiesta, mi congedò usando un tono piuttosto rammaricato: "È arrivato il momento di archiviare il processo perché, se gli accusati vengono rinviati a giudizio con i pochi elementi che abbiamo a loro carico, siamo destinati inesorabilmente a perdere: Gaetano Badalamenti, Giuseppe Finazzo e tutti gli altri indiziati verrebbero assolti con formula piena, il che ci impedirebbe di poterli richiamare poi in causa. È un rischio troppo grande che non possiamo correre. Il mio consiglio è quello di archiviare l'inchiesta almeno per un po' di tempo, ma di inserire una postilla nella sentenza che ci permetterà di riaprire il processo non appena avremo acquisito nuovo materiale e nuovi elementi. È l'unico modo che abbiamo per arrivare alla scoperta della verità e dimostrare definitivamente che Peppino è stato ucciso dalla mafia".

Una specie di pausa, secondo Caponnetto, necessaria per superare una fase di stallo che si era creata e continuava ad alimentarsi per i numerosi e continui depistaggi praticati da pezzi dello Stato.

Nel maggio 1984 Caponnetto firma una sentenza in cui viene riconosciuto che si tratta di omicidio mafioso ma ad opera di ignoti e parla di depistaggio delle indagini.

Successivamente il Centro Impastato pubblicò il dossier *Notissimi ignoti*, con in copertina Gaetano Badalamenti, e il libro *La mafia in casa mia*. L'inchiesta venne riaperta.

A questo punto entra in scena Giovanni Falcone, che si è recato negli Stati Uniti per interrogare Gaetano Badalamenti...

Ho incontrato diverse volte il giudice Falcone, una persona gioviale, simpatica ma, nello stesso tempo, anche molto coriacea. Non nego di aver avuto qualche difficoltà con lui, non è stato possibile costruire un rapporto umano.

Era un uomo molto impegnato, costantemente al centro dell'attenzione, che già allora viveva blindato. Il mio rapporto con lui è rimasto nei limiti del semplice piano professionale.

Giovanni Falcone aveva un carattere in antitesi con quello di Paolo Borsellino che, a prima vista, poteva sembrare un tipo chiuso, rigido e serio ma che, invece, a differenza di Falcone, era estroverso e solare. Alcune volte riusciva ad eludere la tutela e la scorta e veniva a trovarmi in negozio con la sua bicicletta. Nel periodo estivo, infatti, alloggiava in una villetta a Villagrazia di Carini, a pochi chilometri dal mio minimarket. Anche Rita, sua sorella, ricorda benissimo queste sue visite inaspettate. L'ultima volta che l'ho visto è stato a pochi giorni dalla strage, ricordo come fosse sconvolto dopo la morte di Falcone.

Trasferitosi a Roma al Ministero di Giustizia, Giovanni Falcone muore a Capaci, a pochi chilometri da Cinisi, in seguito all'esplosione di una carica di tritolo che ne fa saltare in aria l'auto blindata. Muoiono, assieme a lui, la moglie Francesca Morvillo e i tre agenti della scorta. È il 23 maggio 1992.

Neanche due mesi dopo, il 19 luglio, a Palermo, un'autobomba esplode in via D'Amelio causando la morte di Paolo Borsellino e di cinque agenti della sua scorta.

I due magistrati che più si erano battuti contro la mafia vengono uccisi in modo brutale e spettacolare, quasi a voler sottolineare la forza e la potenza del potere mafioso.

Quanto ne ha risentito la vostra inchiesta?

Dopo la strage di Capaci, l'inchiesta è stata affidata al giudice De Francisci che ha cercato di spostare l'asse giudiziario, sposando la tesi che il delitto fosse stato organizzato dai Corleonesi per far ricadere la colpa su Badalamenti.

Questa tesi si basava sulle dichiarazioni di Tommaso Buscetta, secondo il quale Badalamenti era stato "posato", cioè estromesso dalla mafia, nei primi mesi del 1978, per cui il delitto di Peppino, avvenuto nel maggio di quell'anno, non gli poteva essere imputato. Buscetta, però, fu più volte smentito dalle dichiarazioni di numerosi pentiti che descrivevano Badalamenti come capo di Cosa nostra fino a tutto il 1978.

La scelta di De Francisci ha portato l'inchiesta a una nuova archiviazione.

Anche alla luce di quest'ultima ipotesi, com'è potuta ripartire un'inchiesta che più il tempo passava e più continuava a trovare sempre nuovi ostacoli?

La svolta si è materializzata al momento del pentimento di Salvatore Palazzolo, di cui ho già parlato. Con un esposto firmato da mia madre, da me e da Umberto Santino e presentato dall'avvocato Vincenzo Gervasi, avvocato della famiglia e del Centro, in seguito alla segnalazione di Anna, abbiamo chiesto che Palazzolo venisse interrogato sul delitto Impastato. Lo ha interrogato Franca Imbergamo, sostituto procuratore. E Palazzolo ha dichiarato che aveva saputo dal vice di Badalamenti, Vito anche lui Palazzolo, che il delitto era stato commesso dalla cosca di Badalamenti.

Ci sono stati altri "pentiti" che, nelle loro dichiarazioni, hanno fatto riferimento all'omicidio di mio fratello, confermando la versione di Palazzolo.

L'inchiesta arriva al traguardo con l'incriminazione di Gaetano Badalamenti e Vito Palazzolo quali mandanti dell'assassinio di Peppino. Il processo è stato diviso in due tronconi: il primo a Gaetano Badalamenti in videoconferenza, poiché gli Stati Uniti, dov'era detenuto dopo la condanna al processo Pizza Connection, non hanno concesso l'estradizione, il secondo a Vito Palazzolo che aveva scelto il rito abbreviato. Spesso nello stesso giorno, ho dovuto assistere a due sedute in due aule, lontane tra loro.

Ci sono voluti ben ventiquattro anni per avere giustizia! Il 5 marzo 2001 Palazzolo è stato condannato a trent'anni e l'11 aprile del 2002 Badalamenti all'ergastolo.

Nel dicembre del 2000 la Commissione antimafia aveva approvato la relazione sui depistatori, che però sono rimasti impuniti.

Il fatto importante in un delitto di mafia è aver condannato i mandanti. E gli esecutori?

Gli esecutori materiali sono stati individuati, ma due di loro, Nino Badalamenti e Ciccio Di Trapani, erano morti, il primo ucciso nella guerra di mafia, l'altro di morte naturale. Un terzo, Salvatore Palazzolo, omonimo del pentito, non è stato incriminato perché le prove non sono state ritenute sufficienti. Abita a circa trecento metri da casa nostra.

Salvatore Palazzolo, detto "Turiddazzu", aveva una stalla nelle immediate vicinanze del luogo dove sono stati ritrovati i resti di Peppino e, visto che era solito portarci la mandria, conosceva molto bene quella zona. Per un certo periodo, soprattutto quando nostro padre era ancora vivo, Palazzolo frequentava spesso la nostra casa.

Badalamenti è morto il 29 aprile del 2004 nel Centro medico federale di un carcere del Massachusetts senza aver visto l'appello…

È morto nella fase di appello. Il processo doveva finire davanti alla Corte di appello e quindi in Cassazione, ma non è stato possibile. C'è stato solo il tempo per tenere in aula i primi due dibattimenti.

Durante il processo di primo grado so che ci sono stati momenti molto intensi…

C'è un episodio che rappresenta l'aria che si respirava nell'aula bunker del carcere Ucciardone: mentre Badalamenti era collegato in videoconferenza, il suo avvocato, Paolo Gullo, continuava a cercare il modo per screditare la figura di Peppino e ridimensionare così la responsabilità del suo assistito.

Il presidente mi aveva fatto una domanda sull'"efficacia" di Onda pazza e Gullo aveva osservato: "Altro che efficacia! Non erano che barzellette! Peppino andava lì a sparlare delle persone per bene".

Un giudizio che ha suscitato la mia reazione: "Qualcuno dice che quelle trasmissioni sono state inefficaci, invece hanno avuto il potere di ridurre quella persona a una mezza pugnetta di paese. Da grande boss è diventato una mezza pugnetta di paese!".

Furibondo, l'avvocato si oppose ritenendo offensiva la mia risposta, ma il presidente mi disse di continuare.

L'episodio certamente più significativo è stato quando mia madre puntò il dito contro Badalamenti che, sul teleschermo, mostrava una maschera impassibile, senza lasciar trasparire alcuna emozione.

Mia madre non si fece affatto intimorire: nulla avrebbe spezzato la sua determinazione. Diceva sempre che avrebbe difeso suo figlio Giuseppe fino alla fine, fino a quando avesse avuto la possibilità di tenere gli occhi aperti. Un giuramento che portò avanti per il resto della sua vita, anche quando, malata e con problemi di deambulazione, continuava a ripetere: "Non m'importa del mio stato di salute, andrò avanti. Se necessario, sono disposta ad andare a Roma anche in barella". Una promessa che ribadì anche nel momento di testimoniare al processo. Non riuscendo a camminare da sola, nel momento di entrare nell'aula bunker di Palermo, si rivolse a mia moglie che l'accompagnava, e le disse: "Lo vedi? Non ci sto andando in barella, ma sulla sedia a rotelle...".

Come si è comportato Badalamenti durante il processo?

Una delle poche volte che ha preso la parola lo ha fatto con una dichiarazione che riguardava anche me. Ha detto: "Io non avevo nulla contro Peppino Impastato. I ragazzi si divertivano e non avevo niente da ridire contro di lui. Certo, chiacchieravo con Luigi, il padre, un mio grande amico, che mi raccontava di questo suo figlio che non studiava e si disperava perché non aveva voglia di fare niente e aveva anche abbandonato gli studi. Però, parlava poi di Giovanni e diceva che era un bravo ragazzo. E io mi auguro che continui sempre a esserlo".

Una frase che poteva essere una minaccia e che ha scatenato la reazione del nostro avvocato.

"Lascialo continuare" gli ho detto, "se pensa di spaventarmi si sbaglia di grosso. Non mi farà andare in crisi né perdere le staffe".

Una strategia decisamente provocatoria l'ha usata l'avvocato Gullo, che tentava continuamente di screditare Peppino. Per esempio, si è rivolto a Salvo Vitale con questa domanda: "Ma è vero che Peppino era conosciuto in tutto il paese come 'Peppineddu 'u fuoddi'?".

Salvo, impassibile, gli rispose per le rime: "Soltanto nel circolo dei galantuomini di Cinisi, quelli che frequentavano Pandolfo e i suoi amici mafiosi".

"Ma come si permette?", inveì Gullo, "Quando parla del dottor Pandolfo deve togliersi il cappello! Ma non lo sa che il dottor Pandolfo è un grande scienziato?".

Sempre più calmo, Salvo rispose: "Non mi interessa se sia o meno un grande scienziato. E poi, io non mi tolgo il cappello perché non sono solito portarlo. Lo faccia lei!".

Nemmeno in aula sono mancate le occasioni per sviare le indagini. Come la testimonianza di Angelo Izzo, uno degli assassini del Circeo, uno dei tre che si accanirono contro due ragazze, Donatella Colasanti e Rosaria Lopez.

Davanti alla Corte, Izzo dichiarò che Peppino era stato ucciso dalla manovalanza neofascista, coinvolgendo nel disegno anche Pierluigi Concutelli, il terrorista condannato per l'omicidio del giudice Occorsio. Una tesi smentita dallo stesso Concutelli che, chiamato a testimoniare, dichiarò di non aver avuto mai nulla a che fare con la morte di mio fratello.

E pensare che, soltanto qualche anno dopo, Izzo ha violentato e ucciso altre due donne mentre era in libertà vigilata. Viene da pensare che, nei suoi confronti, la tolleranza carceraria sia stata piuttosto eccessiva, con ogni probabilità grazie ai servizi resi ai servizi segreti e a settori deviati delle istituzioni.

Quando avete deciso di costituirvi parte civile, almeno all'inizio, tua madre Felicia aveva molta paura per te. Ma quando ha saputo che Peppino era stato accusato di terrorismo, non ha avuto più alcuna esitazione su quale strada intraprendere…

È stata proprio quell'accusa a farla reagire. Dentro di lei è scattata una molla e non si è più fermata. Ricordo ancora la sera in cui, a casa nostra, si presentarono Michelangelo Di Napoli e Turi Lombardo, gli avvocati che riuscirono a vincere ogni sua esitazione. Con molta pazienza, le spiegarono la pericolosità della situazione che si era venuta a creare: Peppino rischiava di passare per terrorista. Soltanto allora si convinse a firmare l'esposto alla procura. Però voleva escludermi da quell'azione. Mi diceva: "Io firmo soltanto se tu non fai nulla, se non parli nemmeno".

Alla fine però procedemmo insieme. Non avrebbe mai accettato che, dopo aver messo tutto l'impegno nella lotta per i più deboli e averci rimesso la vita, suo figlio dovesse passare alla storia come un terrorista.

Dopo la condanna di Badalamenti, lo Stato ha utilizzato la legge che prevede la confisca dei suoi beni?

Non subito. Sono trascorsi ben cinque anni dopo la sua condanna. Soltanto un anno e mezzo fa, Badalamenti, nonostante sia morto ormai da tre anni, è stato finalmente riconosciuto come mafioso e una parte dei suoi beni è stata dapprima sequestrata e poi confiscata.

È stato il primo caso nella giurisprudenza nazionale e, dopo di questo, ne sono seguiti altri, anche se la legge sulla confisca dei beni a mafiosi deceduti è stata perfezionata solo da poco.

Prima lo Stato, alla scomparsa del mafioso, non aveva alcuna possibilità di confiscare i suoi beni che passavano agli eredi oppure doveva restituirli se confiscati prima della morte.

Mentre prima si considerava solo la pericolosità sociale dell'affiliato che decadeva con la sua morte, adesso viene presa in considerazione anche la pericolosità sociale dei suoi beni.

Qualche anno fa i figli di Badalamenti avevano chiesto il dissequestro dei beni. Abbiamo chiesto che la casa sul corso venga destinata a centro culturale antimafia, ma fino ad oggi non sappiamo che fine farà.

Perché il ministro Gava non volle riconoscere a Peppino lo status di vittima della mafia?

Mia madre aveva avanzato la richiesta per ottenere questo riconoscimento. L'attestato, però, non arrivava mai.

Abbiamo deciso allora di fare una petizione popolare e una manifestazione di protesta davanti al Palazzo di Giustizia di Palermo e di presentare con l'allora deputato di Democrazia proletaria Guido Pollice un'interrogazione parlamentare alla Camera dei deputati.

Il ministro dell'Interno Gava, per tutta risposta, affermò che non era possibile attestare che Peppino fosse una "vittima innocente di mafia", ignorando l'ordinanza del 1984 che parlava chiaramente di "omicidio di stampo mafioso". Il Centro Impastato allora chiese le dimissioni di Gava.

Il riconoscimento è arrivato soltanto dopo la condanna di Badalamenti, con le decisioni del prefetto di Palermo e della Regione Sicilia.

13. Tano Badalamenti

FRANCO VASSIA: *Cosa ricordi di Gaetano Badalamenti?*

GIOVANNI IMPASTATO: Ricordo che Gaetano Badalamenti veniva spesso a trovarci in campagna nella tenuta dello zio Cesare Manzella e anche a casa nostra in paese. Mio padre ci diceva sempre che era uno dei suoi più grandi amici e una delle persone di cui più si fidava e di avere un grande rispetto per lui. Mia madre non era tanto d'accordo e mostrava tante perplessità. Comunque lui con noi era molto affettuoso e disponibile. Con Manzella erano molto amici e dopo l'attentato è stato vicino alla nostra famiglia. È stato un periodo breve perché è stato arrestato. Dopo l'assoluzione al processo di Catanzaro dei 114 è tornato in paese e ricordo che per la morte di mio padre è venuto a farci le condoglianze. C'eravamo mia madre e io, Peppino non c'era.

Come capomafia viene fuori dopo l'uccisione di Manzella. Badalamenti era un personaggio diverso.

Manzella aveva modi più garbati, Badalamenti in origine era un vaccaro e lo era anche culturalmente. Ma non era affatto uno stupido. Aveva ottimi rapporti con l'amministrazione comunale e con i carabinieri. Gli altri mafiosi pensavano che fosse un confidente. Si dice che sia stato contrario all'uccisione del capitano Giuseppe Russo, ucciso nel 1977.

Ricordo che la domenica mattina Badalamenti andava al caffè in piazza e c'era una processione per salutarlo. Non solo mafiosi, ma tanti altri. Era come un atto di riconoscimento del suo potere. Ci sono fotografie fatte da Peppino, in una si vede Pietro Alfano, condannato nel processo alla Pizza Connection, con un vassoio di cannoli in mano, accanto a Badalamenti e ad altri mafiosi. I cannoli in Sicilia sono onnipresenti, ancor prima della fotografia con Totò Cuffaro.

Per un certo periodo Badalamenti ha saputo sfruttare alleanze interne alla mafia e dimostrato di avere molto carattere perché, a differenza di altri, riusciva quasi sempre a mantenere il sangue freddo. Ha fatto parte del triunvirato con Stefano Bontade e Salvatore Inzerillo, poi si dice che è stato "posato". Tutto questo, come ho già ricordato, ha avuto una grossa influenza sull'andamento dell'inchiesta per l'assassinio di Peppino.

Il suo ruolo nel traffico internazionale di eroina, così com'è stato definito nel processo alla Pizza Connection, passava per il controllo dell'aeroporto di Punta Raisi che, per un certo periodo, negli anni '70 e nei primi anni '80, con le raffinerie nelle vicinanze, è stato la base del traffico di droga.

A Cinisi, Gaetano Badalamenti era un mito. È dovuto arrivare Peppino per smontarne la figura e metterlo in ridicolo.

Dopo aver abbandonato Cinisi, durante la seconda guerra di mafia, nella quale insieme ai Bontade e agli Inzerillo era schierato dalla parte dei perdenti, ha fatto parte della "diaspora" mafiosa.

La sua famiglia è stata decimata. Tra le vittime c'è stato Nino Badalamenti, un cugino che aveva negli ultimi tempi assunto il ruolo di reggente, come abbiamo visto uno degli esecutori dell'omicidio di Peppino. Hanno ucciso pure Finazzo e sono venuti a perquisire in casa mia. Con il Centro abbiamo fatto un comunicato in cui dicevamo che la famiglia Impastato aveva da tempo rinunciato a qualsiasi forma di vendetta privata. Sono andati a uccidere un parente di Badalamenti anche in Germania.

Badalamenti si rifugiò in Spagna dove, nell'aprile del 1984, fu arrestato ed estradato negli Stati Uniti. Negli Usa è stato condannato a 45 anni di carcere. L'unica condanna che ha avuto in Italia è stata per l'omicidio di mio fratello. Mia madre diceva che prima di morire voleva vederlo condannato e dopo la sua morte ha detto più volte che non voleva che fosse sepolto a Cinisi.

14. Il film *I cento passi*

FRANCO VASSIA: I cento passi, *il film di Marco Tullio Giordana, ha rinverdito e amplificato la storia di Peppino…*

GIOVANNI IMPASTATO: Sono convinto che il cinema non sia soltanto uno spettacolo di intrattenimento, quanto piuttosto uno strumento di informazione, di critica e di denuncia.

I cento passi ha sicuramente dato un contributo validissimo per il recupero e la conoscenza della storia di Peppino e di una pagina importante della storia dell'antimafia. Una vicenda che, almeno fino a quel momento, nonostante i nostri sforzi, con poche risorse, era conosciuta solo a un numero limitato di persone.

I cento passi ha avuto inoltre il pregio di non trascurare né il suo impegno politico né la sua vicenda umana. È chiaro che un'opera cinematografica ha delle esigenze particolari e spesso si finisce nel racconto romanzato. Nel caso de *I cento passi* il racconto si sviluppa senza retorica, la figura di Peppino è ben rappresentata e non viene presentata come quella di un eroe ma come una persona che lotta e soffre il suo dramma.

La mia famiglia, fin da subito, ha incoraggiato la sua realizzazione e siamo molto contenti del grande successo ottenuto. Il film ha suscitato grandi entusiasmi. Nei giorni successivi alla sua uscita, molte persone sono venute a ringraziarmi e a congratularsi. Molti degli spettatori non conoscevano la storia di Peppino, altri neppure sapevano chi fosse. È il potere del cinema che riesce a raggiungere centinaia di migliaia, se non milioni di persone.

Perché proprio cento passi?

Sono quelli che misurano la distanza che divide la vittima dal suo carnefice, il tratto che separa la nostra casa sul corso da quella di Gaetano Badalamenti. A dire il vero già nella casa di via Regina Margherita, dove siamo nati Peppino e io, abitavamo tra Masi Impastato e Procopio Di Maggio e a cinquanta metri dal cortile Impastato dove abitava il patriarca della mafia Nick Impastato.

Forse Badalamenti, anche se in un sogno-incubo, è stato presentato in maniera eccessivamente bonaria, per esempio quando racconta che ha aiutato mio padre, gli ha dato i soldi per comprare la pizzeria. Io so che invece è stato mio padre che più volte ha aiutato Badalamenti, in periodi in cui aveva più di un problema, durante le latitanze.

Il film di Giordana ha avuto anche il merito di utilizzare esclusivamente attori siciliani: in molti si sono sorpresi per la naturalezza e per l'impegno che hanno mostrato in questo film. La Sicilia possiede grandi talenti, artisti che meriterebbero di essere sfruttati maggiormente senza ricorrere necessariamente ad altri, magari anche più abili, ma che non hanno alcun legame con la nostra storia e con la nostra cultura. Posso affermare con certezza che il film ha rappresentato una grande prova della scuola artistica siciliana.

Assistere alla realizzazione di un film che riguarda la tua vita, credo possa rappresentare un'emozione indescrivibile…

Non è facile vedere altre persone che interpretano te stesso, i tuoi sentimenti, che rendono pubblica la storia della tua famiglia e che mostrano la tua vita privata.

Noi abbiamo collaborato ed è stato un impegno non indifferente. Lo abbiamo fatto nella convinzione di poter dare un contributo a far conoscere la storia di Peppino e dei suoi compagni, la nostra storia, a coloro che vogliono lottare contro le mafie e contro le ingiustizie, valori irrinunciabili per la crescita civile e democratica del nostro Paese.

Personalmente ho collaborato facendo conoscere le persone, ho accompagnato il regista nei luoghi dove si sono svolti i fatti, in una scena ho pure sostituito un attore che stava male.

Il 4 ottobre 1999, quando sono iniziate le riprese, mi è sembrato di entrare in un sogno: conoscere gli attori, i tecnici, gli operatori, le comparse, è stata un'esperienza bellissima. È stato facilissimo legare con loro, soprattutto con gli attori, perché ognuno di loro cercava di calarsi nel personaggio che interpretava.

C'è stato uno scambio tra i personaggi reali e gli attori: io con Paolo Briguglia, mia madre con Lucia Sardo, Salvo Vitale con Claudio Gioè e Stefano Venuti, morto subito dopo la realizzazione del film, con Andrea Tidona.

Luigi Lo Cascio, l'attore che nel film ha interpretato Peppino, è stato bravissimo: mi ha colpito la sua somiglianza fisica con Peppino la prima volta che l'ho visto, al Centro Impastato, assieme ad Anna, Umberto e Felicia. C'era pure Briguglia.

Alla Mostra del cinema di Venezia avrebbe meritato il premio come migliore attore protagonista. Credo che il personaggio di Peppino Impastato gli rimarrà attaccato per molto tempo.

Neppure esagero se affermo che Luigi Maria Burruano avrebbe meritato di vincere l'Oscar come miglior attore non protagonista. Con la sua interpretazione è riuscito a dare molta dignità alla figura di mio padre.

15. La lotta continua

FRANCO VASSIA: *Come ci si abitua ad avere la paura per compagna? Avete ricevuto e continuate a ricevere minacce?*

GIOVANNI IMPASTATO: Fin dall'ultima fase della lotta di Peppino contro la mafia, infilati sotto la porta di casa, ci capitava di trovare bigliettini che minacciavano di morte Peppino.

Nostra madre, dopo averli raccolti, li strappava a pezzettini perché lui non li vedesse.

Conoscendo il suo carattere temeva che, per tutta risposta, lui potesse dare un ceffone ancora più forte in faccia ai suoi nemici.

Altre lettere minatorie Peppino le aveva ricevute quando aveva riunito e organizzato i lavoratori edili sfruttati. Una di queste era stata recapitata a un suo compagno perché gliela portasse.

Altre intimidazioni ci sono state anche un anno dopo la sua morte, nel momento in cui ho accettato la proposta di candidarmi come capolista di Nuova sinistra unita alle elezioni nazionali.

Prima hanno ucciso il nostro cane e poi hanno sparato contro il nostro negozio alcuni colpi di pistola, lasciando ben visibili i proiettili conficcati nel muro.

Abbiamo però avuto anche piccoli segnali positivi come, ad esempio, l'elezione postuma a consigliere comunale di Peppino. In qualche manifesto qualcuno ha cancellato il suo nome ma è riuscito a ottenere quasi 250 voti. Per Cinisi erano tanti. Purtroppo chi è andato in consiglio comunale al suo posto non si è dimostrato all'altezza.

Tra quei consensi ci sono stati il voto di mia madre e quello di mia zia. A soli cinque giorni dalla morte del figlio, recandosi alle urne con la sorella pur essendo nella fase più chiusa del lutto, aveva spezzato la convenzione. Disse a mia moglie: "Accompagnami al comune. Devo fare un'ultima cosa per Giuseppe". Tra lo stupore dei presenti che non si aspettavano la sua presenza, entrò nel seggio.

Un momento negativo fu quando Badalamenti venne rinviato a giudizio: i muri del paese vennero imbrattati con scritte contro il giudice Gian Carlo Caselli e la procura di Palermo.

Ci sono altri due episodi che risalgono invece a qualche tempo fa. Il primo riguarda una pesante campagna denigratoria nei miei confronti: alcuni fascisti del paese si erano risentiti perché avevo aspramente criticato l'operato dell'allora arciprete che aveva deciso di festeggiare Santa Fara, la patrona del paese, il 9 maggio, proprio nell'anniversario della morte di Peppino. Diffusero un volantino ed esposero un cartello in piazza a Cinisi con la scritta. "Peppino Impastato onora Cinisi, Giovanni Impastato lo disonora".

Il secondo episodio: nel 2003, ho appoggiato lo scioglimento della giunta comunale per infiltrazione mafiosa. Qualche giorno dopo, sulle pareti del nostro negozio, sono apparse delle macchie di vernice rossa, a simulare macchie di sangue.

Senza contare tutte le lettere anonime, pesantemente offensive, che riceviamo ogni anno in occasione del Forum sociale antimafia.

L'isolamento non è mai terminato. Ricordo che alle ultime elezioni comunali Felicia, accogliendo le richieste di molti che chiedevano un'alternativa a sinistra, si è candidata come sindaco. Gran parte di quelli che l'avevano sollecitata, sono letteralmente scomparsi e hanno sostenuto il candidato che prima ritenevano inaccettabile. Felicia ha avuto un risultato deludente, 290 voti, soprattutto per l'irresponsabilità di quanti si definivano di sinistra.

Quant'è stata importante tua madre in tutta questa storia?

È stata lei a renderci più determinati e coerenti, a sostenere i nostri passi. È stata la sua costanza. Mia madre non si è mai arresa, non si è mai stancata di cercare la verità. Ha continuato ad aprire le porte della nostra casa per raccontare del figlio e far capire a tutti chi fosse.

Non mostrava un attimo di cedimento e riusciva a dare coraggio a tutti noi, nonostante il suo fisico fosse ormai indebolito dall'età.

In realtà, la sofferenza e il dolore l'avevano provata duramente. Ce ne rendemmo conto quando, improvvisamente e senza alcun motivo apparente, cadde in uno stato comatoso. Chiamammo l'ambulanza e la ricoverammo all'Ospedale Civico di Palermo. Era il 1984. I medici ci chiedevano se avesse avuto qualche trauma, se fosse caduta. Riuscirono a salvarla con un intervento molto delicato per aspirare due ematomi subdurali ad entrambi i lati dell'encefalo. Era proprio questa lesione bilaterale a lasciare i medici nel dubbio.

Quando si risvegliò e per qualche istante rimase sola con mia moglie Felicia, le confessò che tutto il coraggio e la perseveranza che mostrava in nostra presenza si affievolivano quand'era sola. Nella disperazione, guardando un ritratto di Peppino, si percuoteva le tempie.

Aveva dato continuamente prova del suo anticonformismo rispetto alle convenzioni paesane. A quattro mesi dalla morte di Peppino, nel mese di settembre del 1978, ha voluto che Felicia ed io ci sposassimo. Le nozze erano state fissate già un anno prima, ma la morte di nostro padre aveva sconvolto ogni piano. Fu proprio lei a convincerci anche se, per rispettare il lutto, non partecipò alle celebrazioni. Diceva che il lutto era una cosa personale; è per questo motivo che non ha mai tolto gli abiti neri. Ricordo che il giorno del nostro matrimonio al duomo di Monreale vennero i poliziotti a prendere il numero di targa delle macchine, come si fa per i matrimoni dei mafiosi.

È per tua madre che hai aperto Casa Memoria?

È stato per il suo volere, per rispettare una promessa che le ho fatto. Casa Memoria continua a mantenere le sue porte aperte sul corso di Cinisi, accogliendo tutte quelle persone che si riconoscono nella storia di Peppino.

Casa Memoria non è un museo, quanto un luogo simbolo della democrazia e dell'impegno antimafia.

Cos'è il Forum sociale antimafia?

Per anni le iniziative per ricordare Peppino a Cinisi sono state organizzate dal Centro Impastato di Palermo, da noi familiari e da alcuni compagni di Peppino. Dopo la manifestazione nazionale del '79 le presenze si sono assottigliate e qualche anno siamo stati davvero in pochi. Abbiamo fatto comizi, cortei, presentato libri.

Dal 2002, dopo il successo del film, e sull'onda dei forum sociali che si svolgono in tutto il mondo, si è pensato di organizzare il Forum sociale antimafia con tre giorni di attività, dibattiti, concerti, spettacoli, il corteo.

Gli organizzatori sono il Centro, l'Associazione dei compagni di Peppino che si è costituita nel 2001, che da qualche anno è legata a Casa Memoria, il circolo Metropolis di Castellammare del Golfo, l'associazione Radio Aut formata da giovani.

Le iniziative del Forum vogliono coniugare la riflessione, l'impegno politico e sociale con la musica e lo spettacolo. Da questo punto di vista riprende la varietà dell'impegno di Peppino e del suo gruppo. In questi anni abbiamo avuto una presenza significativa, anche se ai concerti partecipano migliaia di persone, mentre la partecipazione ai forum è molto più ridotta.

Ai forum hanno partecipato gli operai della Fiat di Termini Imerese e delle altre fabbriche che rischiano di chiudere, gli immigrati che chiedono asilo politico, gli operatori dell'informazione alternativa, i pochi che rimangono, le donne impegnate nelle iniziative antimafia, gli insegnanti più attivi nell'educazione alla legalità democratica, i militanti dei movimenti impegnati contro le speculazioni, dalla Tav alla base Dal Molin, al Ponte sullo Stretto, agli inceneritori, contro la privatizzazione dell'acqua. Abbiamo parlato dell'evoluzione del fenomeno mafioso e delle iniziative antimafia più significative, dall'uso sociale dei beni confiscasti dall'antiracket, dei "crimini della globalizzazione" e dell'involuzione del quadro politico locale e nazionale.

Ai concerti hanno partecipato gruppi musicali come i Modena City Ramblers, i Têtes de bois, i Lautari, Il parto delle nuvole pesanti, Archinuè, Assalti frontali, cantautori come Carmen Consoli, Pippo Pollina, Claudio Lolli, Jovine ex 99 Posse. Alcuni gruppi, su iniziativa di un compagno storico come Moffo Schimmenti e dei 24 Grana di Napoli, hanno fatto un CD con 26 canzoni dedicate a Peppino, con testi ricavati dalle sue poesie.

Nell'organizzazione del Forum non mancano difficoltà perché, soprattutto in questi tempi, il lavoro unitario è quanto mai difficile. Eppure non sono mancati esempi di collaborazione. È capitato più volte che qualche persona, venuta da fuori, cominciasse spontaneamente a sbracciarsi e a lavorare al nostro fianco, subito dopo aver posato le valigie.

Il Forum è figlio dei movimenti di massa che hanno dato respiro alla vita politica negli anni '70, dove migliaia di giovani scendevano in piazza per esprimere la loro rabbia, le loro speranze e i loro sogni. Negli ultimi anni si è sviluppato un grande movimento contro la globalizzazione neoliberista, ma adesso la partecipazione va diminuendo.

Lo stesso discorso vale per la lotta alla mafia. Se non riesce a diventare una mobilitazione che coinvolga gran parte della popolazione, com'era ai tempi delle lotte contadine, rimarrà un fatto importante ma minoritario. Comunque al corteo del 9 maggio 2008, nel trentennale dell'assassinio di Peppino, eravamo in tantissimi.

Qual è la reazione degli abitanti di Cinisi alle iniziative del Forum?

Come dicevo, al corteo dell'anno scorso eravamo in molti e ai concerti partecipano migliaia di persone. Tutto questo produce qualche disagio, anche perché mancano servizi pubblici adeguati. E qualcuno si lamenta e ci accusa di far venire a Cinisi una massa di drogati e di sbandati, capaci solo di atti di vandalismo. In realtà, gli unici danni procurati alla comunità, con l'intento di far ricadere la colpa su di noi, sono stati causati proprio da alcune persone del paese.

Ho avuto anche delle denunce perché hanno trovato siringhe e sporcizia al campo sportivo dov'era il campeggio dei giovani partecipanti al Forum. Ad accusarmi è stato il solito avvocato Gullo con un esposto alla procura della Repubblica, firmato da alcuni cittadini di Cinisi, che mi indicava come il responsabile di danneggiamenti al campo sportivo, completamente inventati.

Con l'avvocato Gullo hai avuto anche un'altra disavventura, quella della condanna per diffamazione…

Durante il processo per l'uccisione di Peppino, l'avvocato Gullo ha spesso superato i limiti della decenza e dell'umana sopportazione. Con le sue affermazioni offendeva mio fratello, arrivando a definirlo "un terrorista, un nulla di buono e un folle che capeggiava un gruppo di drogati".

Durante una trasmissione televisiva del Maurizio Costanzo Show, sollecitato da una domanda del conduttore che mi chiedeva come stesse proseguendo l'inchiesta giudiziaria, risposi che, ancora oggi, purtroppo, esistevano degli imbecilli che avevano il coraggio di sostenere la tesi dell'attentato terroristico e che, uno di questi, era l'avvocato difensore di Gaetano Badalamenti.

È scattata immediatamente la sua querela per diffamazione e sono stato condannato al pagamento di 2.500 euro più le spese processuali.

La notizia della condanna venne data da quasi tutti i giornali e dai mezzi di comunicazione e ha suscitato una grande solidarietà con una raccolta di fondi. È stata raccolta una somma considerevole che abbiamo utilizzato per realizzare delle iniziative contro la mafia.

Sono davvero riconoscente a queste persone, non soltanto per il loro sostegno economico. Mi hanno fatto capire che sono in tanti a conoscere la nostra storia e a condividere il nostro impegno.

16. Resistere a mafiopoli

FRANCO VASSIA: *Com'è Cinisi adesso?*

GIOVANNI IMPASTATO: Cinisi è purtroppo ancora un paese di mafia. Non è più una centrale del traffico di droga come ai tempi di Badalamenti, ma i recenti arresti dei Lo Piccolo e di altri mafiosi dimostrano che la mafia c'è ancora.

I Lo Piccolo sono stati arrestati con un blitz a Giardinello, a pochi chilometri da Cinisi, dove si erano recati per partecipare a un summit. La loro "residenza" stabile era però a Terrasini, di fronte al cimitero del paese, dove incontravano altri mafiosi.

Erano ospiti in una villetta di proprietà dei coniugi Targia, persone che gestivano il bar vicino la spiaggia di Cinisi, detta Magaggiari. Ma la cosa che più indigna è che il loro covo fosse a poche centinaia di metri in linea d'aria da una caserma dei carabinieri.

Anche se erano di stanza a Terrasini, la loro latitanza era comunque coperta dalla mafia di Cinisi e da quel sistema ormai consolidato di connivenze, di favoritismi e di omertà che da tempo soffoca questo paese.

Ed è proprio nell'organizzazione della cosca locale che negli ultimi anni avevano fatto il proprio ingresso persone fino ad allora mai coinvolte, come Damiano Mazzola, apparentemente dedito alla sua attività di vivaista. Proprio a lui è legata la storia più sconvolgente delle ultime indagini. Il mafioso collaboratore di giustizia Gaspare Pulizzi ha dichiarato che fu proprio Mazzola a guidare l'auto con a bordo il commando che, nel 2000, sotto gli occhi della figlia di soli sette anni, ha rapito Giampiero Tocco, un pregiudicato del posto vicino ad ambienti mafiosi. Lo ha consegnato al capomafia Lo Piccolo che lo ha ucciso e poi sciolto nell'acido.

Dopo l'omicidio di Tocco, Mazzola è rimasto per anni amico della moglie e della famiglia.

Tra gli arrestati ci sono Vito Palazzolo, l'autista dei Lo Piccolo che li ha ospitati nel suo bed&breakfast, Gaspare Di Maggio e altri insospettabili accusati di aver coperto la latitanza dei due boss.

Qualche tempo dopo è toccato a Freddy Gallina, un mafioso di Carini, arrestato a qualche centinaio di metri dal mio negozio. Anche lui "ospite" di un'altra persona apparentemente onesta di Cinisi. Nelle immediate vicinanze, grazie alle dichiarazioni di Pulizzi, è stato trovato l'ultimo cimitero di mafia.

Cinisi è una sorta di roccaforte, cementata dalle strettissime parentele fra gli abitanti. Nel paese è molto facile avere un parente mafioso. Nei piccoli paesi è facile restare impigliati nella ragnatela di Cosa nostra. Per legami anche larghi di parentela o per una serie di vincoli dovuti al sistema mafioso di elargizione dei servizi e di selezione nell'ingresso del mondo del lavoro. Al giorno d'oggi, il silenzio scaturisce più dal consenso che dalla paura.

Questo consenso invece di diminuire cresce?

Ci sono stati episodi che mi hanno particolarmente ferito. Per i funerali di mia madre il sindaco aveva dichiarato il lutto cittadino, che significava la chiusura dei negozi e la cessazione di tutte le attività, comprese quelle istituzionali. Nessuno lo ha rispettato.

Il corteo funebre passava dinanzi a saracinesche aperte e a persiane chiuse, mentre gli impiegati comunali approfittavano dell'occasione per fare la spesa. Rispetto a ventisei anni prima non era cambiato nulla, uno spettacolo deprimente.

Eppure non c'era nessun mafioso agli angoli delle strade a impedire la partecipazione. La scelta dei miei concittadini è stata presa spontaneamente. Non hanno nemmeno rispettato le usanze tipiche in caso di lutto, come lo scambio della partecipazione ai funerali.

Qualche anno prima, per i funerali del figlio di Procopio Di Maggio, c'era tanta gente che non poteva entrare nella chiesa madre e sostava sulla piazza di Cinisi. Il feretro, all'uscita dalla chiesa, è stato accolto dalla folla con un lungo applauso e, nonostante non fosse stato proclamato il lutto cittadino, le saracinesche dei negozi erano quasi tutte abbassate.

Il giorno delle esequie di mia madre era anche la ricorrenza della festa dell'Immacolata. La processione, passando davanti alla nostra casa e nonostante il feretro esposto, ha tirato dritto senza nemmeno porgere un saluto.

Poco tempo dopo, l'Azione cattolica di Cinisi e Terrasini ha organizzato una marcia contro la guerra in Iraq. Alcuni giovani hanno chiesto che il corteo si fermasse davanti alla casa di mia madre in segno di omaggio, l'unica a esporre la bandiera della pace. È stato risposto che Felicia Bartolotta non è un personaggio rappresentativo per la comunità.

Nella prima metà del 2005 si è verificato un altro fatto piuttosto eloquente: il vescovo di Monreale, Cataldo Naro, aveva trasferito l'arciprete di Cinisi, quello che aveva proposto di celebrare la festa del paese nello stesso giorno nell'anniversario della morte di Peppino, ed è stato aggredito e insultato dalla folla. Non c'entra la mafia, ma il comportamento di gran parte degli abitanti è questo.

E ancora: cinque anni fa, durante le iniziative del Forum sociale antimafia, i ragazzi dell'Accademia di Belle Arti dell'Università di Palermo avevano deciso di fare un omaggio a Peppino con un murales sullo stile di Andy Wahrol. Dopo aver individuato una parete che si prestava per l'opera, abbiamo chiesto il benestare al proprietario che ce l'ha concesso. Appena terminato il lavoro, il proprietario mi chiese di poterlo cancellare: "Mi devi scusare, non ne posso più! Dalla mattina alla sera vengono persone a farmi visita, è un continuo via vai. Tutte quante mi chiedono chi me l'ha fatto fare. Mi dicono: 'E se ci piazzano una bomba?'". Non erano personaggi mafiosi a sollecitarne la cancellazione, ma persone comuni. Il giorno dopo il murales non c'era più.

Nel novembre del 2006 era in programma un concerto di Pippo Pollina, il cantautore siciliano impegnato nel sociale, un ruolo che gli pregiudica la visibilità in Italia ma che lo rende invece popolarissimo all'estero. Come nell'episodio che vide la nascita di Musica e Cultura, dopo averci concesso l'utilizzo di una sala per lo svolgimento dell'evento, l'arciprete cercò di rimangiarsi la parola: "Per quel che aveva fatto e detto contro la chiesa, non permetterò a una persona come

Peppino di entrare nella casa di Dio". Continuava a ripetere che mio fratello era una persona orribile, un mostro. Gli abbiamo detto che a Cinisi la chiesa si era sempre schierata con la mafia e dopo un diverbio piuttosto acceso ha deciso di concederci la sala.

Voglio sottolineare che nel comitato organizzatore della festa di San Giuseppe, fino al momento del suo arresto, c'era Gaspare Di Maggio, anch'egli figlio di Procopio, oggi in carcere con l'accusa di aver fatto parte della cosca di Cinisi, di aver compiuto un omicidio, di aver praticato estorsioni e altre attività criminali alle strette dipendenze di Lo Piccolo, il boss succeduto a Provenzano nel controllo della zona. Il 19 marzo 2007, giorno della festa, Di Maggio è stato visto distribuire immaginette del santo e raccogliere le offerte assieme all'arciprete.

Proprio per questo, credo che la nostra presenza sia un segnale. Le porte della nostra casa sono sempre aperte. Il messaggio è chiaro: "Noi ci siamo stati, ci siamo e ci saremo".

Il vero paradosso è che, in quella casa, mettono piede persone che arrivano dall'Italia e da tutto il mondo, ma quasi nessun cittadino di Cinisi.

A Cinisi si paga il pizzo?

Che io sappia, i commercianti e i piccoli imprenditori non pagano con somme di denaro. Il pizzo viene pagato in altra forma: concedendo un favore, dando merce non pagata o soldi in prestito senza attendere la restituzione. Solo qualche albergatore, qualche impresa di una certa consistenza e i grandi imprenditori esterni che vincono le gare d'appalto, per esempio all'aeroporto, pagano regolarmente le estorsioni. Risulta che il pizzo è stato pagato per il restauro di un immobile confiscato a un mafioso parente di Badalamenti.

Personalmente ho vissuto un periodo in cui c'erano continuamente furti nel mio negozio, che mi hanno messo in difficoltà economica. Una notte in seguito a un allarme che rivelava l'ennesimo tentativo di furto, avvisato telefonicamente, mi sono precipitato in auto per raggiungere il negozio. Andavo a forte velocità e l'asfalto era bagnato e sporco di terriccio. Ho avuto un incidente che per poco non mi costava la vita. Sono stato operato due volte e sono stato in ospedale per quaranta giorni. Questo per dire del clima di tensione in cui mi trovo a vivere.

So che recentemente alla Casa Memoria avete avuto intimidazioni...

Nell'estate del 2007, qualcuno aveva gettato dell'acido sulla porta d'ingresso. Un fatto che non ci aveva particolarmente allarmati ma poi si è ripetuto. Abbiamo pensato che fosse una reazione alla nostra protesta per una proposta avanzata da alcuni consiglieri comunali di intitolare l'aula consiliare a Leonardo Pandolfo, l'onorevole "Pantofo" di cui parlava Peppino a Radio Aut. Avevamo diffuso un volantino con la fotografia che lo ritrae con Cesare Manzella, Gaetano e Sarino Badalamenti, mio padre Luigi e suo fratello Masi Impastato. In calce, la didascalia: "Consigliamo di esporre questa fotografia quando l'aula consiliare sarà dedicata all'Emerito Onorevole Pantofo. Siamo disposti a concederla gratuitamente".

Due giorni dopo venne gettata la prima bottiglia di acido. L'allarme rientrò quando scoprimmo che quel gesto era stato compiuto da un cinquantenne che in gioventù era nel gruppo dei compagni di Peppino. Sconvolto dalla sua morte, aveva vissuto per quasi dieci anni come un recluso. Negli ultimi tempi si era avvicinato ad ambienti di destra. Tra l'altro aveva proposto che la biblioteca comunale fosse intitolata a Julius Evola, originario di Cinisi. Dopo aver scoperto il colpevole, il presidente del consiglio comunale e il sindaco vennero a Casa Memoria per dire che gettavamo discredito sul paese. "A Cinisi la mafia non c'è più". Cinque mesi dopo ci furono gli arresti dei favoreggiatori dei Lo Piccolo.

La tua è stata una vita di frontiera. Non ti sei mai sentito solo e come sono adesso i tuoi rapporti in famiglia?

Non posso negare che il mio impegno abbia influito anche sugli equilibri familiari e abbia condizionato anche la crescita dei miei figli.

Per quanto abbia tentato, con mia moglie, di salvaguardare la normalità, in alcuni casi ci siamo trovati spiazzati e obbligati ad affrontare condizioni difficili.

Durante la scuola media, a mio figlio Gianluca capitò di avere come compagno di giochi un bambino che sembrava appartenere a una famiglia tranquilla. Quando il padre venne arrestato per mafia e vedendo la foto sul giornale, ebbe uno shock. Continuava a chiedermi come fosse possibile che un uomo dai modi così gentili potesse far parte di un'organizzazione criminale.

Angosciato dal fatto che fosse impossibile riconoscere i mafiosi dagli altri individui, ci vollero dei giorni per farlo uscire di casa: "Ma chi sono? Come faccio a capirlo?".

Quando c'è stato il fatto dell'acido, mia figlia era molto preoccupata. Mi rendo conto che con tutto quello che abbiamo vissuto la paura è di casa e i rapporti tra noi non possono non risentirne.

Per i miei continui viaggi in giro per l'Italia e anche all'estero, mia moglie ha dovuto addossarsi il peso del negozio e della casa. Lo so che è stato pesante per lei, e adesso cerco di darle una mano.

C'è qualcosa che ti fa sperare per il futuro?

Il dicembre scorso l'aula consiliare, quella che doveva essere intitolata a "Pantofo", è stata invece intitolata a Peppino. Nel mio intervento ho ringraziato il sindaco e l'amministrazione, ma non ho potuto tacere che in occasione del consiglio comunale in cui si è ricordata mia madre i consiglieri di Forza Italia si erano allontanati dall'aula. Ho detto: "Spero che nessuno da ora in poi debba vergognarsi di entrare in quest'aula che ora porta il nome di Peppino".

Penso che possa essere importante lavorare con le scuole. Abbiamo fatto qualche iniziativa ma bisognerebbe fare molto di più. Tutto dipende dalla disponibilità degli insegnanti.

Il quadro politico, a livello locale e nazionale, è quello che è. A Cinisi prima c'era la Democrazia cristiana con i suoi alleati, ora la maggioranza vota Forza Italia, anche se il comune è amministrato da liste civiche senza una precisa connotazione politica. Comunque una cosa è certa: la memoria di Peppino ha vinto e la nostra resistenza, nel suo nome, non è finita.

ALBUM FOTOGRAFICO

Foto di
Guido Orlando, Paolo Chirco, Gabriella Ebano
e tratto dall'archivio di Casa Memoria Impastato

Peppino con i genitori

Peppino con il padre

Peppino bambino con zia Fara

Peppino con il primo fratello Giovanni, morto a tre anni

Peppino con il padre sul palco per la festa della patrona

Festa di Santa Fara, patrona del paese. Peppino con il padre al centro di personaggi mafiosi

Matrimonio della zia Fara. A sinistra lo zio Matteo

Peppino cowboy per il carnevale

Peppino con Giovanni per la sua prima comunione

Peppino, Giovanni e la madre

Peppino alla scuola elementare di Cinisi (il primo da sinistra, in prima fila)

1971. Peppino alla scuola media di Cinisi (al centro vicino ad Andrea Bartolotta)

Peppino al mare

Peppino con gli amici nella piazza di Cinisi

Peppino sul campo di calcio (il primo da destra)

Peppino al mare con dei compagni

Manifestazione per Punta Raisi

Manifestazione di protesta dei contadini espropriati delle terre

Occupazione simbolica del comune: Peppino bussa alla porta

Manifestazione per la costruzione del campo sportivo. Peppino è sul muretto

Peppino ventenne

Anni '50. Da sinistra a destra: Leonardo Pandolfo, sindaco di Cinisi, Cesare Manzella, Luigi Impastato, Tommaso Impastato, Gaetano Badalamenti e Sarino Badalamenti

Peppino al mare con dei compagni

Peppino al mare con dei compagni

Peppino ad un recital di poesie a Terrasini

Marzo 1967. Peppino con Danilo Dolci alla Marcia della protesta e della speranza

Mangiata nella piazza di Cinisi. Peppino seduto accanto ai piatti

1966. Peppino al comizio di Stefano Venuti (secondo da destra)

Peppino con dei compagni nella sede del Pci di Cinisi

Peppino ad una manifestazione del Psiup

Peppino trattenuto da un militare ad una manifestazione per il Vietnam

Peppino al Circolo Che Guevara

Peppino con Mastro Alfonso

Peppino al Circolo Musica e Cultura

1977. Simulazione della morte atomica. Peppino a destra sul palchetto

1977. Simulazione della morte atomica

Comizio del Collettivo Femminista

Compagne del Collettivo Femminista. Da destra verso sinistra Fanny Vitale, Marcella Stagno, Fanny Iacopelli

Circolo Musica e Cultura. Raduno nuove tendenze

Carnevale alternativo a Cinisi

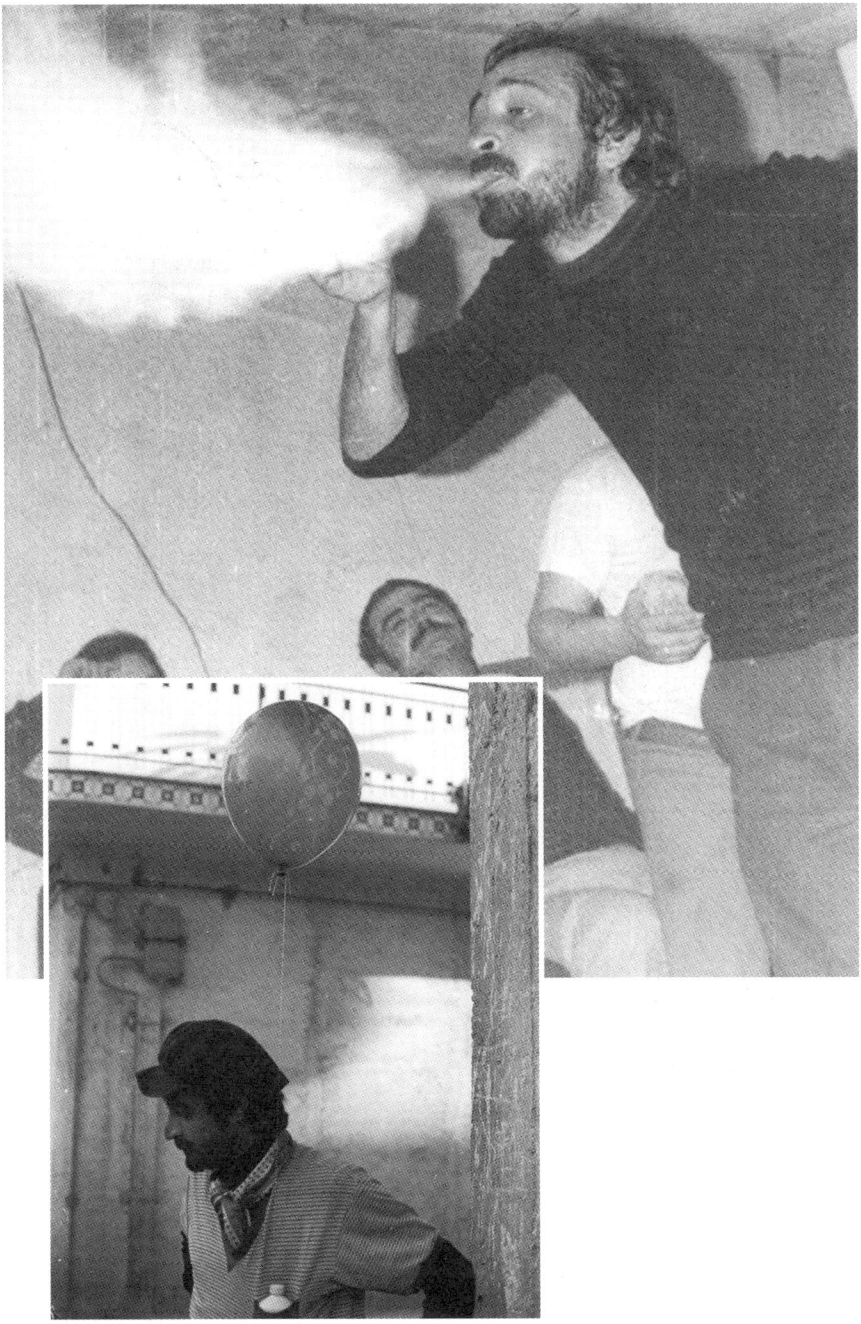

Carnevale alternativo a Cinisi

Mostra "Mafia e territorio"

Mostra Mafia e territorio: il secondo da sinistra è Manuele Finazzo, comproprietario di una cava di pietrisco

La sede di Radio Aut

Peppino a Radio Aut

L'ultimo comizio di Peppino

DEMOCRAZIA PROLETARIA

1 ABBATE GIACOMO
nato a Cinisi il 25-7-1943

2 CAVATAIO BENEDETTO
nato a Cinisi il 24-5-1957

3 DI MAGGIO FARO
nato a Terrasini il 27-8-1951

4 GIANNOLA ANTONINO
nato a Cinisi il 28-10-1956

5 IACOPELLI GRAZIELLA
nata a Cinisi il 6-10-1959

6 IMPASTATO GIUSEPPE
nato a Cinisi il 5-1-1948

7 LA FATA ANTONINO
nato a Palermo il 18-7-1945

8 LA FATA PIETRO G.NNI
nato a Cinisi il 5-5-1955

9 LO DUCA VITO
nato a Cinisi l'1-2-1952

10 PIZZO GIUSEPPE
nato a Cinisi il 7-2-1947

La lista di Democrazia proletaria alle elezioni comunali del 1978

Peppino sul corso di Cinisi

Il binario della ferrovia Palermo-Trapani

Il casolare dove Peppino è stato tramortito

Il funerale

11 maggio 1978. Assemblea alla Facoltà di Architettura con Ideale Del Carpio

Felicia e zia Fara al Palazzo di Giustizia di Palermo per la costituzione di parte civile

9 maggio 1979. Manifestazione nazionale contro la mafia

1979. Manifestazione nazionale contro la mafia

1979. Manifestazione nazionale contro la mafia: scritta sulla casa di Badalamenti

1979. Manifestazione nazionale contro la mafia. Polizia schierata in assetto antisommossa

1979. Manifestazione nazionale contro la mafia

1979. Manifestazione nazionale contro la mafia. L'intervento di Giovanni Impastato

1979. Manifestazione nazionale contro la mafia. Il comizio di Umberto Santino

9 maggio 1989. Felicia e Umberto Santino scoprono una targa sulla facciata di casa Impastato

Preparazione di un murales dedicato a Peppino

2000. Il regista e gli sceneggiatori del film *I cento passi* consegnano alla famiglia Impastato la targa vinta al Festival del Cinema di Venezia come migliore sceneggiatura

2004. Felicia e Felicetta distribuiscono garofani

Felicia

2004. Felicia saluta i partecipanti al Forum

Indice

eretica SPECIALE STAMPA ALTERNATIVA
direttore editoriale **MARCELLO BARAGHINI**

http://www.stampalternativa.it
e-mail: redazione@stampalternativa.it

CONTRO IL COMUNE SENSO DEL PUDORE, CONTRO LA MORALE CODIFICATA, CONTROCORRENTE. QUESTA COLLANA VUOLE ABBATTERE I MURI EDITORIALI CHE ANCORA SEPARANO E NASCONDONO COLORO CHE NON HANNO VOCE. SIANO I MURI DI UN CARCERE O QUELLI, ANCORA PIÙ INVALICABILI E RESISTENTI, DELLA VERGOGNA E DEL CONFORMISMO.

Visita il "Fronte della Comunicazione" di Stampa Alternativa, il nostro blog per discussioni e interventi collettivi:
www.stampalternativa.it/wordpress

"Libera Cultura": la collana online che raccoglie i libri storici e le novità di Stampa Alternativa, liberamente diffusi sotto le licenze Creative Commons:
www.stampalternativa.it/liberacultura

GIOVANNI IMPASTATO E FRANCO VASSIA

RESISTERE A MAFIOPOLI

progetto grafico **ANYONE!**

impaginazione **ROBERTA ROSSI**

Casella postale 97 - 01100 Viterbo
fax 0761.352751
e-mail: ordini@stampalternativa.it

ISBN 978-88-6222-086-6

Finito di stampare nel mese di aprile 2009
presso la tipografia **IACOBELLI** srl via Catania 8 - 00040 Pavona (Roma)